왜 석가모니는 왕자의 자리를 버렸을까?

05
역사공화국
세계사법정

교과서 속 역사 이야기, 법정에 서다

데바닷타 vs 사리푸트라

왜 석가모니는 왕자의 자리를 버렸을까?

글 박금표 박선영 · 그림 박종호

|주|자음과모음

우리는 많은 것을 보고 배웁니다. 지금 이야기하려는 '배움'은 학교에서의 공부가 아니라 좀 더 나은 사람으로 살려고 노력하는 것을 말합니다. 물론 학교 공부도 더 많은 것을 익히고 생각을 키우는 것이지만, 학교 공부를 못하더라도 지혜롭고 용기 있는 사람이 많습니다. 그런 면에서 보면 학교에서 최선을 다해 공부하는 것도 중요하지만, 책이나 영화, 그림, 음악 등으로 마음을 키우고 세상을 알아 가는 것도 정말 중요합니다.

흔히 석가모니, 예수, 공자, 소크라테스 등을 인류 역사의 성인이라고 합니다. 성인을 사전에서 찾으면 '지혜와 덕이 매우 뛰어나 길이 우러러 본받을 만한 사람'이라고 나옵니다. 이 책을 읽는 친구들이 멋진 어른이 되고 싶다면 이분들의 삶을 한 번씩 살펴보는 것이 좋습니다. 왜냐고 묻는다면 이런 이야기를 들려주고 싶네요.

학교 선생님 중에 인격도 훌륭하고 학생들을 평등하게 대하고 어떤 일에도 최선을 다하는 멋진 분이 있다면 우리는 자연히 그분을 존경하게 됩니다. 그분과 친해지고 싶고 곁에만 있어도 마음이 흐뭇하고, 왠지 나까지 훌륭하게 느껴지지요. 자꾸 그분을 따라 행동하게 되기도 합니다. 꼭 선생님이 아니라, 부모님이나 이모, 삼촌, 친구도 마찬가지입니다.

불교의 경전에 이런 말이 있습니다. "향을 싼 종이는 향내가 나고 생선을 싼 종이는 비린내가 난다." 좋은 사람을 곁에 두면 그 영향을 받아 나 또한 좋은 사람이 되지만 마음을 잘못 쓰는 사람을 곁에 두면 자신도 그 영향을 받는다는 소리입니다. 친구를 잘 사귀라는 말도 이런 뜻에서 비롯되었습니다.

이쯤 되면 눈치챘지요? 성인들의 삶을 읽으면 성인들의 영향을 받게 된다는 이야기를 하고 싶은 겁니다. 이 책에서는 동양 최대 종교인 불교를 대표하는 인물인 석가모니의 일생을 이야기합니다. 석가모니는 더 큰 인생의 문제를 해결하기 위해 왕자의 자리를 버렸습니다. 길에서 자고 남들에게 빌어먹으면서, 자신도 행복하고 세상 사람 모두 행복해질 수 있는 길을 찾기 위해 노력했지요. 그리고 결국에는 태어나고 늙고 병들고 죽는 인생사 가운데 무엇이 우리를 힘들게 하는지 깨닫고 그것을 해결할 방법도 알아냈습니다.

이 책은 석가모니의 사촌 동생이면서 제자였던 데바닷타가 자신의 잘못을 변호하고, 석가모니와 그가 신임한 제자인 사리푸트라의 흠을 들추려고 노력하는 재판 형식입니다. 세상 사람들은 대부분 자기가 옳다고 믿고, 그래서 비난을 당하면 억울하다고 생각합니다. 그런 차원에서 데바닷타의 항변도 들어 볼 만합니다.

하지만 중요한 것은 석가모니의 일생이고, 석가모니의 행적입니다. 이 책을 읽는 친구들이 석가모니를 새롭게 알게 되기를 바랍니다. 전설에 등장하는 인물이 아닌, 우리처럼 엄마 배 속에서 나와 걷고 먹고 잠을 잔 석가모니를 말입니다.

지금 우리는 작은 일에 화내고, 내 것이 아닌 것을 욕심내고, 어리석은 생각으로 많은 시간을 보냅니다. 하지만 우리도 변할 수 있습니다. 석가모니와 우리는 같은 인간이기 때문입니다. 석가모니처럼 멋진 사람들이 많아질 세상을 기대하며, 이 책을 여러분 앞에 내놓습니다.

박금표, 박선영

차례

재판 첫째 날 석가모니는 왜 유아독존이라고 외쳤을까?

기원전 6세기 무렵에 인도에서 창시된 불교는 인류 문화에 많은 영향을 미쳤다. 당시 억압적인 브라만교와 카스트 제도에 불만을 느낀 사람들에게 석가모니의 불교는 새로운 종교로 다가왔기 때문이다. 자비와 평등을 내세워 창시된 불교는 널리 퍼져 나가게 된다.

중학교

역사

VII. 통일 제국의 형성과 세계 종교의 등장
  3. 마우리아 왕조와 쿠산 왕조
    2) 쿠산 왕조에서 대승 불교가 발달하다

석가모니는 기원전 6세기 중엽, 히말라야 부근 작은 나라에서 왕자의 신분으로 태어났다. 삶의 본질에 대해 깊이 고민한 석가모니는 오랜 수행 끝에 깨달음을 얻어 부처가 되었다. 그는 여성과 수드라 출신을 제자로 받아들여 당시 사회에 큰 충격을 주기도 했다.

고등학교	세계사	II. 도시 문명의 성립과 지역 문화의 형성 2. 인도의 도시 문명과 마우리아 왕조 3) 불교의 등장과 확산

불교는 기원전 6세기경에 고타마 싯다르타 즉 석가모니가 창시하였다. 그는 "인간은 누구나 불성을 지니고 있다. 고통의 바다에서 헤어나기 위해 바른 방법으로 도를 닦으면 모두 부처가 될 수 있다"라고 주장하며, 인간의 평등과 윤리적 실천을 통한 해탈을 가르쳤다.

기원전

3000년경   인더스 문명 시작

1700년경   인더스 문명 멸망

1500년경   아리아 인의 인도 침입

1000년경   철 사용

589년경   석가모니, 불교 창시

545년경   마가다 왕국 창건

540년경   자이나교 창시

519년경   페르시아의 아케메네스 왕조,
북인도 침입

413년경   마가다 왕국 멸망

326년경   알렉산더 대왕, 인도 침입

320년경   마우리아 왕조 창건

269년경   아쇼카 왕의 통치

185년경   마우리아 왕조 멸망

기원전

3500년경   중기 신석기 문화 형성

3000년경   웅기 굴포리 서포항 유적 형성

2333년   단군왕검, 고조선 건국

2000년   후기 신석기 문화 형성

1122년   은의 기자, 조선에 들어옴
                8조 금법 제정

1000년   청동기 문화 전개

800년   고조선, 왕검성을 수도로 정함

700년   철기 문화 시작

194년   위만 조선 건국

원고 데바닷타

나는 세계 4대 성인으로 유명한 석가모니의 사촌으로, 석가모니와 마찬가지로 석가족의 왕자였소. 사촌인 석가모니의 제자가 되었지만 그는 나를 인정하지 않았어요. 그래서 직접 데바닷타 교단을 세워 지도자가 되었소.

원고 측 변호사 김딴지

딴죽 걸기의 명수 김딴지 변호사올시다. 나는 사람들에게 알려진 역사가 모두 진실이라고 생각하지 않아요. 역사 속 패자들의 입장도 살펴볼 필요가 있다고 생각하지요. 참으로 패기 넘치는 변호사 아닙니까?

원고 측 증인 산자야

나는 기원전 6세기경에 인도에서 살았던 사상가
예요. 육사외도 중의 한 명이며 '판단 중지'의 사
상으로 유명하답니다.

원고 측 증인 아자타샤트루

나는 석가모니가 살았던 시대에 마가다 왕국의
왕이었소. 카시, 브리지, 앙가 등의 왕국을 정복하
여 북인도에서 가장 강력한 왕이 되었지요.

원고 측 증인 푸라나 카사파

산자야와 더불어 육사외도 중 한 명인 푸라나 카
사파라고 합니다. 이름이 좀 어렵지요? 나는 모든
행위는 결과와 관계가 없다는 도덕 부정론을 주
장했어요.

피고 **사리푸트라(기원전 627년~기원전 544년)**

나는 석가모니의 10대 제자 중에서 가장 지혜가 뛰어
난 제자입니다. 사리불 또는 사리자라고도 불리지요.
육사외도 중의 한 명인 산자야의 제자였다가 석가모
니 부처의 가르침에 반해 그의 제자가 되었답니다.

피고 측 변호사 **이대로**

역사공화국에서 이름난 변호사, 이대로입니다. 기존
의 역사적 평가에는 다 이유가 있다고 확신하며, 역
사적 진실은 쉽게 변하는 것이 아니라고 생각하지요.

피고 측 증인 **아난**

석가모니의 사촌이자 데바닷타의 동생으로 '아난다'
라고도 불립니다. 석가모니 곁에 가장 오래 있었고
그의 가르침을 가장 많이 들었던 제자이기 때문에
'다문 제일(多聞第一)'이라고도 불린답니다.

피고 측 증인 앗사지

석가모니와 함께 고행했던 동료이며, 석가모니의
최초의 다섯 제자 중 한 명입니다.

피고 측 증인 니다이

나는 똥을 져 나르는 일을 하는 불가촉천민이었
지요. 하지만 석가모니를 만나 출가하여 수행자
가 되었답니다.

피고 측 증인 아쇼카

나는 인도 마우리아 왕조의 제3대 왕으로 최초로
인도를 통일하였소. 통일 후 불교를 국가의 중심
사상으로 받아들였고, 인도는 물론 주변의 여러
나라에 불교를 전파했다오.

"석가모니의 사촌이라……
아, 그…… 데바닷타!"

여기는 역사공화국! 살아생전 역사에 한 획을 그은 사람들의 영혼이 살아가는 곳이다.

긴 얼굴에 뾰족한 턱, 조금 낡은 책상 의자에 삐딱하게 다리를 꼬고 앉은 남자는 그 이름도 유명한 김딴지 변호사. 이름 그대로 세상의 모든 일에 딴죽을 거는 맛에 살아간다. 그렇다고 그가 아무 데나 딴죽을 거는 건 아니다. 대충대충 덮어 두는 것이 능사가 아니라는 소신을 가지고 있을 뿐이다. 그의 좌우명은 바로 이것!

'딴죽을 걸라, 세상에 새로운 산소를 공급하리니.'

김딴지 변호사가 의자에 앉아 졸고 있을 때, 비서가 노크를 하고 안으로 들어왔다.

"변호사님, 어느 분이 사건을 의뢰하러 왔는……."

비서의 말이 끝나기도 전에 그를 밀치고 한 남자가 들어왔다.

"안녕하시오, 김딴지 변호사!"

"아, 예, 무슨 일이기에 이렇게 급하십니까?"

"정말 기가 막히고 억울한 일이지요."

데바닷다가 사연을 늘어놓으려는 찰나, 김딴지 변호사가 얼른 끼어들었다.

"잠깐! 옆집 사람이 돈을 떼먹고 도망갔다든가, 부부 싸움을 하고 화가 나서 이혼하겠다든가 해서 온 거라면 딴 데 가 보세요. 나는 세상을 뒤엎을 만한 딴죽을 거는 사건만 맡습니다!"

"걱정 마시오. 김 변호사가 살면서 한 번 맡아 볼까 말까 한 기막힌 사건이니!"

데바닷타의 말에 멀찍이 떨어져 있던 김딴지 변호사가 호기심 어린 표정으로 다가와 그의 얼굴을 살폈다.

"호오, 그래요? 그런데 누구신가요?"

"나는 데바닷타라고 하오."

"데바닷타…… 데바닷타라……. 어디서 들어 본 듯도 한데……."

"석가모니의 사촌이자 아난의 형이라고 하면 알겠소?"

"석가모니의 사촌이라……. 아, 그…… 데바닷타!"

김딴지 변호사는 악수를 청하려던 손을 얼른 내렸다. 순간, 데바닷타가 손톱에 독을 숨겨 석가모니를 독살하려 했다는 이야기가 떠오른 것이다. 그는 헛기침을 하고 팔짱을 낀 채 말했다.

"흠흠, 그럼 어디 들어나 봅시다. 딴죽을 걸 일이 있는지."

데바닷타는 김딴지 변호사가 권한 의자에 털썩 앉아 심각한 표정으로 말문을 열었다.

"하, 내 억울함을 어디서부터 얘기해야 될지……. 나는 석가족(사카 족)의 왕족이었소. 하지만 나도 사촌 석가모니처럼 왕자의 자리를 버리고 수행을 떠났지요."

데바닷타는 한참 동안 자신의 사연을 늘어놓았다. 데바닷타의 말을 듣고 난 김딴지 변호사가 조용히 고개를 끄떡이며 소장을 쓰기 시작했다. 김딴지 변호사는 소장을 작성하고 데바닷타의 도장까지 찍은 다음 길게 한숨을 내쉬었다. 어려운 재판이 될 것이 분명했기 때문이다. 옆에서 김딴지 변호사의 표정을 살피며 우물쭈물하던 데

왜 석가모니는 왕자의 자리를 버렸을까?

바닷타가 자리에서 일어나 말했다.

"김딴지 변호사만 믿어요. 나는 이만 가 보겠소."

"네. 그럼 재판정에서 뵙지요!"

문을 나서며 데바닷타가 다시 악수를 청했다. 하지만 김딴지 변호사는 헛기침만 거푸 하며 그의 손을 외면했다. 사무실에 혼자 남은 김딴지 변호사는 깊은 시름에 잠겼다. 세계 4대 성인으로 꼽히는 석가모니의 제자를 상대로 하는 소송이라니!

하지만 김딴지 변호사가 누구인가. 의문이 생기는 일에는 주저 없이 딴죽을 거는 딴죽 걸기의 명수가 아닌가!

"그래, 나는 식은 죽은 먹지 않아. 세상에 딴죽을 거는 게 훨씬 의미 있다고! 자, 김딴지, 다시 시작이다!"

김딴지 변호사는 주먹을 불끈 쥐며 외쳤다. 텅 빈 변호사 사무실에 그의 목소리가 쩌렁쩌렁 울렸다.

석가모니와 인도

석가모니가 태어나기 전 인도는 16개의 나라로 갈라져 자주 전쟁을 벌이고 있었습니다. 특히 인더스 강 유역의 코살라 왕국과 갠지스 강 유역의 마가다 왕국의 힘이 아주 강했는데, 이 두 나라 사이에 코살라 왕국의 지배를 받고 있는 카필라바스투라는 작은 나라가 있었습니다. 이 카필라바스투 성에서 기원전 624년경 싯다르타 왕자가 태어나게 됩니다. 싯다르타는 왕이 되기 위한 학문과 무예를 익히며 자라게 되지요.

하지만 싯다르타는 왕이 되는 것보다 다른 것에 관심이 더 많았습니다. 전쟁의 허무함에 대해 알게 되고, 인간이라면 누구나 겪게 되는 생로병사(태어나고, 늙고, 병들고, 죽는 네 가지 고통)에 대해 깊이 깨닫게 되었기 때문입니다. 그러던 차에 이 세상의 고통을 초월하기 위해 수도를 하고 있는 수도자를 만나게 됩니다. 그리고 싯다르타 자신도 수도자의 길을 걷기 위해 왕궁을 떠나지요.

이후 싯다르타는 참된 깨달음을 얻기 위해 6년 동안 엄격한 수도의 길을 걷게 됩니다. 단식을 하거나 스스로의 몸을 힘들게 하면서 고행을 하였지요. 그러던 중 도를 닦는 것이 무조건 엄격하기만 해서는 안

불법을 설파하는 석가모니

된다는 것을 깨닫고 보리수나무 아래에서 생각에 잠기게 됩니다. 이때 모든 속박과 괴로움에서 벗어난 해탈의 경지에 이르게 되지요.

도를 깨달아 석가모니가 된 싯다르타는 사람들에게 '세상은 늘 변한다는 것을 염두에 두고, 바르게 보고 바르게 생각하고 바르게 말하고 바르게 행동하고 바르게 생활하고 바르게 노력하고 바른 마음가짐을 갖고 올바른 길을 가야 한다'고 가르치게 됩니다. 뿐만 아니라 싯다르타는 당시 인도에 뿌리 깊이 박혀 있던 신분 제도인 카스트 제도에 반대하며 사람은 평등하다는 생각을 전파하였지요.

석가모니는 45년 동안 여행을 하며 깨달음을 전하였습니다. 석가모니의 '석가'는 석가족을 가리키고 '모니'는 성자라는 뜻으로, '석가족 출신의 성자'를 뜻하는 말이지요. 이렇게 석가모니는 석가족 사람들뿐만 아니라 많은 사람들에게 자신의 깨달음을 전해 주었고, 쿠시나가라라는 곳에서 열반에 들었답니다.

| 원고 | 데바닷타 | 대리인 | 김딴지 변호사 |
| 피고 | 사리푸트라 | 대리인 | 이대로 변호사 |

청구 내용

부처가 된 싯다르타 태자와 나, 데바닷타는 모두 석가족의 왕자였습니다. 부처는 '깨달은 사람'이라는 뜻인데, 같은 민족에서 그런 사람이 나왔으니 나는 기꺼이 그의 제자가 되어 왕궁을 떠났습니다. 그런데 세상 사람들은 석가모니가 왕자의 자리를 버린 것에만 관심이 있고 내가 왕자의 자리를 버린 것에는 관심이 없습니다. 석가모니의 제자인 사리푸트라는 석가족 사람도 아니고 왕족 출신도 아닌데, 부처는 사리푸트라를 최고의 제자라며 칭찬했습니다. 세상 사람들도 사리푸트라는 존경하면서 나는 악마라고 욕합니다. 나를 악마라고 부르는 것은 내가 부처를 배신하고 따로 교단을 만들었기 때문입니다. 그것을 배신이라고 칭한다면 사리푸트라는 나보다 훨씬 큰 배신을 했습니다. 사리푸트라는 스승인 산자야를 배신하고, 250명이나 되는 제자들을 데리고 석가모니에게 갔습니다. 또한 내가 만든 교단에 들어와서 500명을 데리고 석가모니에게로 갔습니다. 그런데도 사람들은 사리푸트라를 비난하기는커녕 석가모니의 10대 제자 중 하나로 꼽으며 존경합니다.

나는 석가모니와 사리푸트라로 인해 정신적으로 심각한 피해를 입었습니다. 역사가 흐를수록 더욱 심각하게 명예가 훼손되고 있지요.

그래서 나는 명예를 되찾기 위해 재판을 청구하기로 마음먹었습니다. 하지만 석가모니는 해탈을 해서 역사공화국에 없습니다. 그래서 사리푸트라를 상대로 소송을 제기합니다.

입증 자료

- 중학교 역사 교과서
- 고등학교 세계사 교과서
  그 외 자료 추후 제출하겠음.

위 청구인 데바닷타
역사공화국 세계사법정 귀중

석가모니는 왜 유아독존이라고 외쳤을까?

1. '천상천하 유아독존'은 무슨 뜻일까?
2. 석가모니는 정말 태어나자마자 일곱 걸음을 걸었을까?

1 '천상천하 유아독존'은 무슨 뜻일까?

재판의 주인공인 원고 데바닷타와 피고 사리푸트라가 변호사들을 대동하고 법정에 들어서자 방청석이 웅성거렸다.

"데바닷타가 누구한테 소송을 걸었다는 거야?"

"사리푸트라를 상대로 걸었대. 살다 보니 별일이 다 있다니까."

"데바닷타는 누구이고 사리푸트라는 누구예요? 처음 들어 보는 이름인데……."

"자, 조용히 하세요! 판사님이 입정하십니다."

법정 경위의 말이 끝나자, 검은 법복을 입은 판사가 천천히 걸어들어와 판사석에 앉았다. 판사는 법정을 둘러본 다음 눈을 가늘게 뜨고 사리푸트라와 데바닷타를 번갈아 보았다.

판사　원고 측 변호인, 오늘의 사건에 대해 간단히 설명하세요.

김딴지 변호사　네, 판사님. 석가모니의 사촌이자 제자였던 원고 데바닷타는 자신이 배신자, 악마라고 불리며 정신적 피해를 본 데 대해, 석가모니가 총애하는 제자였던 사리푸트라에게 피해 보상을 청구했습니다.

판사　그렇군요. 본격적인 재판에 앞서 먼저 원고는 자기소개를 하세요.

데바닷타　내 이름은 데바닷타요. 석가모니의 사촌 동생이지요. 나도 석가모니와 마찬가지로 석가족의 나라인 카필라바스투의 왕족 출신입니다.

판사　석가족의 나라? 석가모니라는 이름이 석가족과 관련이 있는 건가요?

데바닷타　▶석가모니 부처의 원래 이름은 고타마 싯다르타입니다. 석가족의 '석가'와 성자라는 뜻의 '모니'를 합쳐 석가모니라고 부르게 된 것이지요. 석가족은 지금의 네팔과 인도의 국경 근처인 히말라야 산기슭의 카필라바스투라는 나라에 살던 종족입니다. 인도어로는 '샤키야'라고 하는데, 이를 한자로 '석가(釋迦)'라고 쓰기 때문에 보통 석가족이라고 했습니다. 사람들이 나의 훌륭함을 인정해 줬더라면 나도 석가모니라고 불릴 수 있었을 텐데, 아쉽습니다. 쩝.

판사　그럼 같은 석가족이면서 사촌이었던 석가모니로 인해 피해를 봤다는 거지요? 그런데 왜 애꿎은 사리푸트라

▶ 석가모니의 이름은 고타마 싯다르타입니다. 석가모니란 석가족 출신의 성자라는 뜻이지요. 석가모니가 해탈의 경지에 이른 후에는 '깨달음을 얻은 사람'이라는 의미로 그를 '부처'라고 불렀습니다.

에게 소송을 건 겁니까?

데바닷타   나는 석가모니의 제자가 되어 함께 수행하다가 따로 내 교단을 만들었어요. 교단이란 같은 뜻을 가진 종교인들의 단체로 누구나 자유롭게 만들 수 있는 것이지요. 하지만 후대 사람들은 내가 따로 교단을 만든 것이 석가모니를 배신한 행위라며 나를 욕하더군요. 이 때문에 석가모니에게 소송을 걸려고 했지만, 그는 해탈하여 '깨달은 사람'이라는 뜻의 부처가 되었습니다. 해탈이란 윤회에서 벗어난 것으로 다시는 태어나지 않는 것입니다. 때문에 역사 속 영혼들이 사는 이곳 역사공화국에서는 석가모니를 만날 수 없더군요. 그래서 석가모니가 아꼈던 제자인 사리푸트라에게 소송을 건 거지요.

판사   흠, 석가모니에게 소송을 걸 수 없었던 이유는 알겠어요. 그럼 대체 무슨 피해를 입었기에 재판을 청구하게 된 건가요?

데바닷타   내가 왜 교단을 따로 만들 생각을 했을까요? 석가모니가 사리푸트라만 편애했기 때문이고, 석가모니 교단에서 나를 따돌렸기 때문이지요. 나는 너무 억울해요. 얼마나 억울했으면 2500년이 지난 지금 세계사법정에 억울함을 호소하겠습니까?

판사   자, 원고는 감정을 좀 가라앉히세요. 원고의 이러한 주장에 대해 피고 측은 반론하겠습니까?

이대로 변호사   네. 원고는 자기에게 유리한 것만 말하고 있습니다. 게다가 그 내용이 사실과 다릅니다. 원고는 불교 교단을 자기가 이끌어 가려고 했습니다. 그런데 석가모니가 그것을 허락하지 않자 석가모니를 죽이려고 했지요. 석가모니가 자기를 좋아하지 않았고 자

신을 따돌렸기 때문에 따로 교단을 만들었다는 주장은 터무니없습니다.

김딴지 변호사 판사님, 피고 측 변호인은 제 의뢰인이 사실과 다른 주장을 했다고 합니다만, 피고 측 변호인 역시 일방적인 주장을 하고 있습니다. 무엇이 문제인지 하나하나 따져 보겠습니다. 여러분, 석가모니가 태어나면서 처음 한 말이 뭔지 아십니까? '천상천하 유아독존(天上天下 唯我獨尊)'입니다. 이건 뭐, 세상에서 자기가 제일 잘났다는 말

천상천하 유아독존

'하늘 위와 하늘 아래에 오직 나만 존귀하다'라는 뜻이에요. 국어사전에는 '세상에서 자기 혼자 잘났다고 뽐내는 태도'라고 설명되어 있지요. 석가모니의 탄생과 탄생 게송(석가모니를 찬미하는 노래)에 대한 이야기는 불교 경전인 『장아함경』의 「대본경」에 자세히 설명되어 있어요.

이 아닙니까? 그렇게 잘났으니 다른 사람이 하는 일이 마음에 들었겠어요? 허 참, 이렇게 건방진 사람을 뭐가 그리 대단하다고 떠받드는 건지……. 석가모니의 그런 건방진 마음 때문에 가장 피해를 본 건 바로 원고 데바닷타입니다.

이대로 변호사는 김딴지 변호사를 한심하다는 표정으로 바라보다가 판사를 향해 말했다.

이대로 변호사　　판사님! 그 말은 오랜 세월이 지나면서 원래 뜻이 많이 달라졌습니다. 국어사전의 뜻만 보고 변론하다니 재판 첫날부터 가슴이 답답하네요. 원고 측의 오해를 풀기 위해 우선 제 의뢰인인 사리푸트라를 신문하겠습니다.

판사　　좋습니다. 신문하세요.

이대로 변호사　　피고는 먼저 간단히 자기소개를 해 주세요.

사리푸트라　　나는 석가모니 부처의 10대 제자 중의 한 명인 사리푸트라입니다. 부처의 제자 중에서 지혜가 가장 뛰어나서 '지혜 제일의 사리푸트라'라고 불리지요.

이대로 변호사　　질문하겠습니다. '천상천하 유아독존'이라는 말이 석가모니가 정말 저 혼자만 잘났다고 한 말입니까?

사리푸트라　　지금 지상 세계의 많은 사람이 그렇게 알고 있다는 사실에 놀랐습니다. 오늘 그 오해를 다 풀어 드리지요. ▶석가모나나 내가 살던 시대에는 종교 의식을 행하는 사제 역할을 하던 브라만 계급이 온갖 특권과 특혜를 누렸습니다. 그만큼 인간보다는 신이 중요하고 위대하다고 생각했던 것이지요. 그런 때에 석가모니가 '천상계와 지상계에 오직 나 홀로 존귀하다'고 말한 건 신만을 위대하다고 생각하고 제사를 지내는 일이 가장 가치 있는 일이라고 생각하던 당시 상황을 비판한 것입니다. 결국 인간이 더 중요하다는 말이지요.

이대로 변호사　　　그렇다면 '나 홀로 존귀하다'라는 독존의 참뜻은 석가모니 혼자가 아니라 신이 아닌 인간 모두를 가리키는 말이군요.

사리푸트라　　　바로 그렇습니다. '나 홀로'라는 말은 바로 우리 인간들을 가리킨 말이지요. 쉽게 말해 '김딴지 홀로 존귀하다', '이대로 홀로 존귀하다'처럼 여기 법정에 모여 있는 개개인이 모두 홀로 존귀하다는 뜻이지요. 바꿔 말하면 존귀하지 않은 사람은 하나도 없다는 것입니다. 좀 더 나아가 석가모니는 인간뿐 아니라 살아 있는 생명체가 모두 이렇게 존귀하다고 했지요.

▶▶당시에 그 이야기를 들은 사람들은 모두 놀랐습니다. 눈이 휘둥그레졌어요. 사람들은 '신보다 인간이 더 귀하다니, 그게 사실인가? 그럼 신한테 제사 지내는 브라만 계급이 제일 잘난 것은 아니구나' 하고 생각하게 되었지요. 충격적이고도 멋진 생각이었어요.

판사　　　석가모니가 외친 '천상천하 유아독존'의 참뜻을 알려 줘서 감사합니다. 김딴지 변호사를 비롯해 수많은 사람이 오해하던 부분을 바로잡아 줬네요.

사리푸트라의 설명을 들은 김딴지 변호사가 목소리를 가다듬고 다시 변론했다.

김딴지 변호사　유아독존이 그런 뜻이었다니……. 흠흠. 다음 질문을 하겠습니다. 석가모니는 어머니의 몸에서 나올 때도 남들과는 달

석가모니 탄생도 조각

리 옆구리에서 태어났다고 합니다. 판사님, 이게 있을 수 있는 일입
니까? 괜히 잘난 척하려고 남들과 다르게 태어났다고 했을 가능성
이 큽니다. 그러니 석가모니가 정말 옆구리에서 나온 것이 맞는지
따져 봐야 합니다.

이대로 변호사　　판사님, 이 문제도 앞에서 얘기한 것처럼 말 그대로
받아들이면 안 됩니다. 그 뜻이 무언지 살펴봐야지요.

김딴지 변호사　　그러니까 그 뜻이 도대체 뭐냔 말입니까? 판사님,
이 부분에 대해서 원고에게 확인해 볼 필요가 있다고 생각합니다.

판사　　좋습니다.

김딴지 변호사　　원고는 석가모니가 옆구리에서 태어났다는 말에
대해 어떻게 생각합니까?

데바닷타　음, 그러니까…… 석가모니가 옆구리에서 나왔다고 얘기한다면 나도 옆구리에서 나왔다고 말할 수 있지요.

자신만만한 표정으로 데바닷타를 바라보던 김딴지 변호사는 깜짝 놀랐다.

김딴지 변호사　네? 뭐라고요? 원고도 옆구리에서 나왔다고요? 대체 그게 무슨 말입니까? 그 당시 사람들은 옆구리로도 아이를 낳을 수 있었단 말입니까?

데바닷타　아니, 꼭 옆구리를 째고 나왔다는 말은 아니고요. 계급별로 이를 상징하는 인체 부위가 있었다는 말입니다. 한국에는 창건 신화로 단군 신화가 있지요? 인도에도 신화가 있는데 거기 이런 이야기가 나옵니다. ▶브라만은 입, 크샤트리아는 팔과 옆구리, 바이샤는 다리, 수드라는 발에서 태어났다고요. 한국에도 곰이 사람이 되었다는 신화를 진짜로 믿는 사람이 없듯이, 우리도 그건 상징으로 받아들이는 거지요.

인도의 카스트 제도

오늘날 인도에는 여러 인종이 살고 있지만 아리아 인이 가장 많습니다. 중앙아시아의 초원 지대에 살고 있던 아리아 인은 기원전 18세기경에 내려와 인도의 갠지스 강 유역까지 세력을 확장했습니다. 이들은 정복한 원주민 사회를 지배하기 위해 엄격한 신분 제도를 만들었는데 이를 '카스트 제도'라고 합니다.

제일 높은 카스트인 브라만은 제사 지내는 일을 담당했으며 사회의 지배 계급이었습니다. 이외에 정치와 군사를 담당하는 크샤트리아, 경제적인 일을 담당하는 바이샤, 각종 천한 일을 담당하는 수드라로 계급을 나눴습니다. 각 계급에 따라 신분과 직업이 세습되었으며 사는 곳도 달랐지요. 물론 다른 계급과 결혼하는 것도 금지되었습니다.

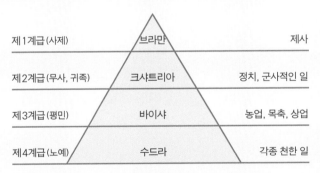

제1계급 (사제)	브라만	제사
제2계급 (무사, 귀족)	크샤트리아	정치, 군사적인 일
제3계급 (평민)	바이샤	농업, 목축, 상업
제4계급 (노예)	수드라	각종 천한 일

카스트 제도의 계급 구성

석가모니는 정말 태어나자마자
일곱 걸음을 걸었을까?

데바닷타가 옆구리에서 태어났다는 말의 진짜 의미를 설명하자, 김딴지 변호사는 잠시 고민에 빠졌다. 그러나 이내 질 수 없다는 듯이 다시 변론을 시작했다.

김딴지 변호사　이런, 어째 제가 예상한 것과는 다른데…… 그래도 또 하나의 질문이 남아 있지요. 도대체 어떻게 태어나자마자 일곱 걸음을 걸었느냐 하는 겁니다. 이건 분명히 누군가 거짓말을 했거나 사기를 친 게 분명해요!

이대로 변호사　판사님, 이 부분은 제가 설명하겠습니다. 지은이의 상상력을 바탕으로 쓴 이야기를 소설이라고 하고, 지은이가 따로 없이 예부터 입에서 입으로 전해 온 이야기를 설화라고 합니다. 그래

서 설화는 "옛날 옛적 어느 마을에……"라는 식으로 시대나 장소가 두루뭉술한 경우가 많지요. 하지만 신화는 시대나 장소, 등장인물들이 마치 사실처럼 그려져 있습니다. 신화는 아주 황당한 이야기임에도 역사책에 실리기도 합니다. 많은 사람이 관심을 갖고 읽지요. 신화는 문자가 생기기 전부터 사람들의 입에서 입으로 전해 오던 자기 조상들에 관한 이야기입니다. 때문에 시간이 지나면서 말이 보태지고 변형되었지요. 그래서 과장되고 허황된 듯 보이지만, 신화에는 분명 역사적인 사실이 숨겨져 있습니다.

원고 측 변호인은 학교 다닐 때 역사 공부를 안 하신 모양입니다. 이런 것도 모르다니 말이에요.

이대로 변호사의 놀림에 김딴지 변호사의 얼굴이 새빨개졌다. 하지만 김딴지 변호사는 부러 고개를 꼿꼿이 들고 거드름을 피우며 말했다.

김딴지 변호사 말씀드리고 넘어갈 것은, 제가 학교 다닐 때 역사 공부를 아주 잘했다는 사실입니다. 필요하다면 다음 재판 때 제 성적표를 증거로 제출하지요. 하하하.

판사 허허, 그럴 필요는 없습니다. 김딴지 변호사의 성적에 관심이 있는 사람은 이대로 변호사 외에 아무도 없으니까요.

판사의 대답에 이대로 변호사가 겸연쩍은 듯 머리를 긁적였다.

김딴지 변호사　　여기서 제가 또 궁금한 것은 왜 하필 일곱 걸음, 그러니까 왜 '세븐'이었냐는 겁니다. '러키세븐'이라는 말처럼 7이 재수가 좋은 숫자이기 때문인가요?

이대로 변호사　　그 당시에 러키세븐이라는 말이 있었을까요? 이것은 '육도 윤회'라는 말을 들어 본 적이 있나면 이해하기 쉬울 섭니

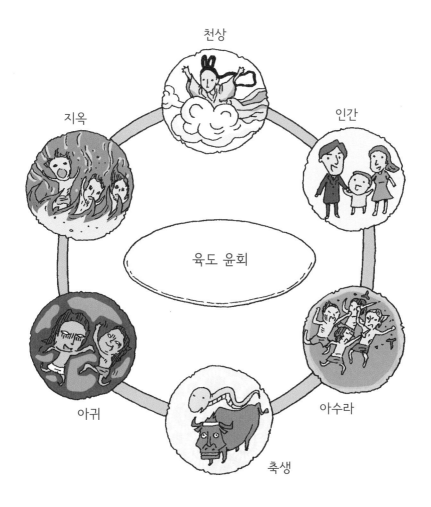

다. ▶육도 윤회란 어떻게 사느냐에 따라 지옥에서도 태어나고 하늘 나라에서도 태어나고 동물로 태어나기도 한다는 것인데, 여섯 군데를 돌고 돈다고 해서 붙은 이름이지요. 우리는 다행히 사람으로 태어났지만요.

석가모니가 일곱 걸음을 걸었다는 말은 바로 이 여섯 군데의 윤회에서 벗어났다는 의미입니다. 육도 윤회를 벗어난다는 것은 곧 태어나고 죽는 일에서 벗어난다는 뜻이지요.

판사   아, 그런 이야기였군요. 그럼 석가모니의 탄생 신화에 대한 이야기를 끝으로 오늘은 이만 재판을 마칩시다. 다음 재판에서 뵙지요.

땅, 땅, 땅!

▶ 고대 인도인들은 인생은 끊임없이 계속되는 것이라고 생각했습니다. 이를 윤회라고 합니다. 전생에 어떻게 살았는지에 따라 다음 인생이 결정된다는 것이지요. 그래서 그들은 지금보다 나은 다음 세상을 바라기도 하고, 윤회에서 벗어나 해탈을 하기 위해 속세를 떠나기도 했습니다.

   왜 석가모니는 왕자의 자리를 버렸을까?

석가모니는 어떻게 등장했을까?

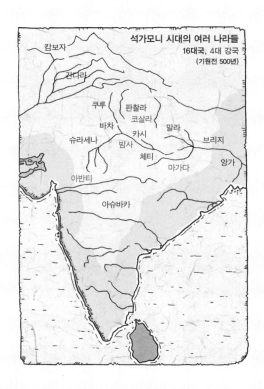

석가모니가 살던 시대는 힘이 약한 나라들이 힘이 센 나라에게 점령당해 사라지는 전쟁의 시대였지요. 이렇게 작은 나라들이 큰 나라에게 점령되어 가는 시기에 사람들은 '왜?'라는 질문을 많이 하게 됩니다. '왜 전쟁이 계속되는

거야?', '왜 세상은 이렇게 혼란스러운 거야?'라는 질문들을 말입니다. 그리고 이러한 '왜?'에 대한 답을 찾기 위해 다양한 생각을 합니다. 그래서 위대한 사상기가 많이 등장하지요.

중국의 춘추 전국 시대는 동서고금을 통틀어 가장 혼란스러운 때로 손꼽힙니다. 이런 시기에 중국에서는 '어떻게 하면 전쟁을 끝내고 통일된 나라를 만들까?', '만약 통일이 된다면 어떻게 해야 나라를 잘 다스릴 수 있을까?'라는 생각이 많아지면서, 그에 대한 답을 제시한 공자와 맹자 같은 사상가가 대거 등장했지요.

그런데 인도에서는 '어떻게 나라를 잘 다스려야 하나?'라는 질문보다 '세상은 왜 혼란스러울까?'에 대한 질문이 더 많았어요. 세상이 어지러운 이유를 욕심 혹은 탐욕으로 보고, 이런 욕심과 탐욕을 없앨 방법을 생각하게 된 것이지요. 이때 브라만교에서는 우파니샤드 철학이 등장하여 궁극적인 진리가 무엇인지를 탐구하는 분위기가 형성되었습니다. 그러니까 이렇게 새로운 생각이 일어나던 시대에 석가모니가 욕심과 고통을 없애는 길을 찾아 깨달음(해탈)에 이르렀기 때문에 불교라는 종교가 탄생한 것입니다. 또 다른 한편에서는 자이나교가 등장하기도 했지요.

왜 석가모니는 왕자의 자리를 버렸을까?

다알지 기자

　　안녕하세요. 역사공화국 법정 뉴스의 다알지 기자입니다. 오늘은 석가모니의 사촌이자 제자였던 데바닷타가 석가모니가 총애하던 제자인 사리푸트라를 상대로 낸 소송의 첫 번째 재판이 있었습니다. 먼저 석가모니가 데바닷타를 따돌렸다는 주장에 대해 양측 변호인의 이야기를 들어보겠습니다.

김딴지 변호사

후대 사람들은 원고인 데바닷타가 석가모니를 배신하고 교단을 따로 만들었다며 욕하더군요. 하지만 그가 왜 교단을 따로 만들었겠어요? 석가모니가 교단에서 그를 따돌리고 피고 사리푸트라를 편애했기 때문이지요. 석가모니는 태어나면서 "천상천하 유아독존"이라고 했습니다. 피고 측은 이 말에는 다른 뜻이 있다고 했지만, 글쎄요, 어느 정도 건방진 마음이 있지 않았겠어요? 석가모니가 태어나자마자 일곱 걸음을 걸었다질 않나, 옆구리에서 태어났다질 않나, 석가모니를 둘러싼 터무니없는 소문이 너무 많아서 믿을 수가 없어요.

왜 석가모니는 왕자의 자리를 버렸을까?

이대로 변호사

 석가모니가 데바닷타를 좋아하지 않았고 교
단 내에서 따돌렸다는 주장은 터무니없습니다. 석
가모니는 사람은 누구나 평등하다고 주장한 사람이에요. 그리고 공판
에서도 자세히 설명했지만 '천상천하 유아독존'은 나만 존귀하다는
말이 아닙니다. 존귀하지 않은 사람은 하나도 없다는 뜻이지요. 석가
모니는 신만을 위대하다고 여기고 제사 지내는 일을 최고로 가치 있는
일이라고 생각하던 당시 상황을 비판한 거예요. 그리고 석가모니가 태
어나자마자 일곱 걸음을 걸었다는 건 천상, 인간, 아수라, 축생, 아귀,
지옥의 육도 윤회를 벗어났다는 의미입니다. 그러니까 석가모니는 태
어나고 죽는 일에서 벗어났다는 뜻이지요.

석가모니는
왜 왕궁을 떠났을까?

1. 석가모니의 출가는 무책임한 결정이었을까?
2. 석가모니는 왜 고행을 그만두었을까?
3. 석가모니는 목표를 달성했을까?

1

석가모니의 출가는
무책임한 결정이었을까?

판사　오늘은 데바닷타 대 사리푸트라의 재판 둘째 날입니다. 오늘 제기할 문제를 원고 측 변호인이 설명하기 바랍니다.

김딴지 변호사　지난번 심리에서는 석가모니와 관련된 신화에 대해 따져 보았습니다. 오늘은 석가모니가 왕궁을 떠난 이유, 다시 말해 왕자의 자리를 버린 문제에 대하여 이야기하겠습니다.

판사　좋습니다. 원고 측 변호인은 원고의 주장을 뒷받침할 변론을 시작하세요.

김딴지 변호사　제가 변론하기에 앞서 우선 제 의뢰인의 생각을 들어 보고 싶습니다.

판사　알겠습니다.

김딴지 변호사　원고, 중요한 질문을 하나 하지요. 석가모니는 왕자

　왜 석가모니는 왕자의 자리를 버렸을까?

였고 곧 왕이 될 것이었는데 왜 왕궁을 떠났을까요? 원고는 그가 왜 그랬다고 생각합니까?

데바닷타 　작은 나라의 왕자였으니까요. 아마 더 큰 왕국, 더 큰 세계의 지배자가 되고 싶었던 것이 아닐까요? 실제로 태자인 싯다르타가 왕궁을 떠나 식가모니가 된 후 석가족 왕국이 멸망했거든요.

이대로 변호사 　쯧쯧, 딱 자기 수준만큼 생각하는군요. 판사님, 이런 말도 안 되는 주장을 반박하기 위해 석가모니의 제자였던 아난의 증언을 듣고자 합니다.

판사 　좋습니다. 증인은 증인석으로 나와 자기소개를 해 주세요.

아난 　나는 석가모니 부처님의 사촌 동생이며, 그분의 제자로서 25년간 그분을 모셨습니다. 원고 데바닷타와는 친형제 간이지요.

이대로 변호사 　그러니까 증인과 원고, 석가모니가 모두 같은 가문이군요. 증인은 석가모니가 돌아가신 후 그의 말을 글로 남길 때 큰일을 했다고 들었습니다.

아난 　석가모니께서 돌아가시자 제자들은 그분의 말씀을 글로 남겨 두지 않으면 다 잊혀지겠다고 걱정했습니다. 그래서 제자들이 모여 경전을 만들었지요.

　　나는 그분을 가장 오랫동안 모셨기 때문에 가장 많은 말을 들었고 기억력도 좋은 편이었습니다. 그래서 내가 그분께 들은 이야기를 전하면 다른 제자들이 '그것이 맞다', '맞지 않다', 혹은 '추가해야 할 부분이 있다'는 식으로 정리해서 경전을 만들었지요. 그래서 불교의 경전은 모두 '이와 같이 내가 들었다'라는 뜻의 '여시아문(如是我

聞)'이라는 말로 시작하지요.

이대로 변호사   그렇군요. 증인은 원고도 가깝게 지냈습니까?

아난   친형제이니 당연하지요. 형은 살아서도 부처님의 속을 많이 썩이더니 지금까지 이렇게 억지를 부리며 사라푸트라에게 소송이나 걸고……. 휴, 정말 속상합니다. 부처님의 제자답게 형이 좀 더 지혜롭게 살면 좋겠는데 말이지요.

이때 듣고 있던 김딴지 변호사가 일어나며 아난에게 물었다.

김딴지 변호사   원고가 직접적으로 당신에게 고통을 준 적이 있나요? 동생의 입장에서 봤을 때 원고는 어떤 사람이었습니까?

아난   데바닷타는 어렸을 때부터 총명하고 집념이 강했으며 용감했습니다. 처음 출가해서는 아주 열심히 공부했어요. 그런데 언젠가부터 수행을 해도 깨달음이 오지 않는다며 신통력에 눈을 돌렸지요.

김딴지 변호사   잠깐, 신통력이라니요? 붕붕 날아다니고 축지법을 쓴다는 그 신통력 말입니까?

아난   그렇지요. 당시 신통력을 가진 사람이 몇 명 있었지만, 데바닷타의 욕심을 알았기 때문에 아무도 그에게 신통력을 가르쳐 주려 하지 않았어요. 그래서 내가 가르쳐 주었습니다. 나는 신통력을 직접 발휘하지는 못했지만 부처님 곁에 오래 있다보니 어떻게 하면 신통력을 얻을 수 있는지 알고 있었거든요.

김딴지 변호사   그래서 원고가 신통력을 얻었군요. 그렇다면 도대체 싯다르타와 데바닷타가 다를 게 뭐가 있습니까? 데바닷타는 수행을 해서 신통력까지 얻었는데요. 정말 대단한 일이 아닙니까?

아난　　아닙니다. 차이가 있어요. 결정적인 차이는, 부처님은 깨달음을 얻어 모든 것에서 자유롭게 되셨는데 데바닷타는 그렇지 못했다는 겁니다. 만약 깨달음을 얻었다면, 데바닷타가 그렇게까지 욕심을 부리며 교단의 지도자가 되려 하고 부처님을 해치려고 하지는 않았…….

데바닷타가 석가모니를 해치려 했던 때의 기억이 떠올랐는지 아난의 눈에 눈물이 맺혔다.

판사　　증인, 괜찮습니까? 더 이상 증언하기 힘들면 그만 내려가도 좋습니다.

아난　　아닙니다. 괜찮습니다. 어쨌거나 나는 데바닷타에게 신통력을 가르쳐 주지 말았어야 했다고 후회합니다.

판사　　그렇군요. 이제 피고 측 변호인이 신문하세요.

판사의 말에 이대로 변호사가 증인석으로 다가가 아난을 향해 공손히 인사했다.

이대로 변호사　　안녕하세요. 마음은 좀 진정되셨는지 모르겠습니다. 일단 증인은 석가모니와 25년을 함께했으니 석가모니가 왜 왕자의 자리를 버리고 왕궁을 떠났는지 잘 알겠군요?

아난 　물론입니다. 작은 왕국이었지만 싯다르타 태자는 한 나라의 왕자였어요. 무엇 하나 부족함 없이 자랐지요. 어머니인 마야 부인은 태자를 낳고 바로 돌아가셨지만, 이모인 마하파자파티가 왕비의 자리를 이어받아 진아들처럼 길렀어요.

　많은 사람이 싯다르타 태자를 건강하고 성품이 원만하며 총명하고 상상력이 풍부한 아이였다고 기억합니다. 학문과 무술을 익히는 데에도 철저하여 많은 책과 여러 종류의 무술에 통달했다고 말하지요. ▶12세가 된 어느 봄날, 부러울 것 없이 살던 싯다르타 태자는 처음으로 충격을 받았습니다. 왕궁 밖으로 산책하러 나갔다가 농민들이 농사짓는 장면을 보았거든요.

이대로 변호사 　아니, 당시는 많은 사람이 농사를 지어 먹고사는 농경 사회였지 않습니까? 농사짓는 장면을 보고 왜 충격을 받았을까요?

아난 　비쩍 마른 농부들이 소를 몰며 비지땀을 흘렸고, 소는 채찍질을 당하면서 밭을 갈았습니다. 쟁기 날에 몸이 두 동강 난 벌레들을 새들이 날아들어 쪼아 먹었지요. 싯다르타 태자는 이런 것들을 보고 몹시 놀랐습니다.

김딴지 변호사 　옳아, 태자는 소심한 겁쟁이였군요. 왕위를 물려받아 나라를 다스리기에는 무리였겠는데요. 그래서 궁을 떠난 거군요?

아난 　아닙니다. 싯다르타 태자가 마음이 여리긴 했지만, 그건 다른 이의 아픔을 내 것같이 느끼는 자비심에서

교과서에는

▶ 왕자로 태어난 석가모니는 풍족한 생활을 누렸습니다. 그러던 어느 날 석가모니는 병들어 고통받는 사람들과 늙은 사람을 보며 삶의 본질에 대해 깊이 고민했습니다. 결국 그는 궁궐을 떠나 오랫동안 수행했고, 깨달음을 얻어 부처가 되었지요.

출가
집(家)을 떠난다(出)는 말로 원어
는 프라브라자나(pravrajana)입
니다. 석가모니가 살던 시대는 집
을 떠나 숲 속으로 들어가 명상을
하거나 고행을 해 해탈에 이르기
를 바라는 수행이 유행이었어요.

비롯된 것입니다. 겁쟁이와는 전혀 다른 문제이지요.

이대로 변호사　　판사님, 이의 있습니다! 원고 측 변호인은 아무 때나 끼어들어 증인의 진술을 방해하고 있습니다.

판사　　　이의를 받아들입니다. 원고 측 변호인은 원고의 말이 끝나면 진술하세요. 톡톡 끼어들지 좀 말고요. 알겠습니까? 증인은 계속 증언하세요.

판사의 핀잔에 김딴지 변호사는 "내가 언제 끼어들었다고…… 나름대로 중요한 문제를 제기한 것뿐인데……."라고 중얼거렸다.

아난　　싯다르타 태자가 그때 느낀 것은 생명의 고통이었습니다. 같은 인간인데 왕자인 자신은 걱정 없이 사는 반면 농부들은 너무 고생스럽게 사는 것이 안타까웠지요. 약한 생명이 쟁기 날에 찢기고 저보다 센 짐승에게 쪼아 먹히는 것이 불쌍했어요. 싯다르타 태자는 고통스러운 삶과 죽음에 대해 처음으로 생각하게 되었습니다.

이대로 변호사　　어머니의 죽음에 대해서도 생각했겠군요.

아난　　그렇지요. 그때부터 싯다르타 태자는 자주 명상을 했습니다. 조용한 그늘에서 눈을 지그시 감고 말없이 앉아 있는 싯다르타 태자를 보며 아버지인 슈도다나 왕은 근심했습니다. 외아들인 태자가 혹시라도 출가한다고 할까 봐 걱정이 이만저만이 아니었지요.

이대로 변호사　　당시에는 출가하는 사람이 많았나 보네요.

아난　　그렇습니다. 출가해서 사는 건 힘든 일이지요. 당시에는 스

스로 이 힘든 일을 하고자 하는 사람에 대해 많은 이가 긍정적으로 생각했습니다. 하지만 슈도다나 왕은 아들이 왕위를 이어 가길 바랐어요. 그래서 철 따라 지낼 궁전을 지어 줌은 물론이고, 화려한 동산을 만들고 아름다운 미녀들을 주위에 두어 노래와 춤으로 싯다르타 태자의 마음을 즐겁게 하려고 했습니다. 또 아름답고 똑똑한 이웃

나라 공주인 야소다라를 부인으로 맞도록 했지요.

김딴지 변호사   오호, 그 정도면 누구라도 마음을 바꾸겠네요. 멋진 궁전과 미녀들이라……. 나한테 그런 일이 벌어진다면 얼마나 좋을까나!

판사   또, 또 끼어드는군요. 김딴지 변호사, 제발 체통을 좀 지키세요.

김딴지 변호사   아, 죄송합니다. 저도 모르게 그만……. 변호사로서의 열정이라고 봐 주시면 고맙겠습니다. 하하.

판사   쯧쯧, 말은 잘하는군요. 피고 측 변호인, 계속 신문하세요.

이대로 변호사   그 뒤에 또 어떤 일이 있었나요? 원고 측 변호인이 부러워하는 왕자 자리를 두고 출가할 만한 사건이 생겼나요?

아난   행복한 결혼 생활을 하던 중에 싯다르타 태자는 또 한 번 충격적인 일을 겪습니다. 성 밖으로 놀러 나간 싯다르타 태자는 동쪽 문밖에서 이는 다 빠지고 눈물과 콧물을 질질 흘리며 숨을 헐떡이는 늙은이를 보았지요. 궁에서 늘 건강하고 아름다운 사람들만 보다가 그 노인을 보니 깜짝 놀랐을 만하지요. 그를 수행하던 신하는 "사람은 누구나 늙는다"라고 말하며 안심시키려 했습니다. 하지만 이 말을 들은 싯다르타 태자는 도리어 깊은 생각에 잠겼지요.

그러다 며칠 후, 싯다르타 태자는 남문 밖에서 병에 걸려 고통스러워하는 사람을 보았습니다. 그다음 서쪽 문에서는 죽은 이의 장례 행렬을 보았지요. 이 세 가지 모습을 본 싯다르타 태자는 현재의 행복한 삶이 영원한 것이 아님을 알게 되었습니다.

이대로 변호사   노인, 병자, 그리고 죽은 사람……. 사람이 겪는 네

왜 석가모니는 왕자의 자리를 버렸을까?

가지 고통인 '생로병사(生老病死)' 중 늙고(老), 병들고(病),
죽는(死) 모습이군요.

생로병사
사람이 태어나고, 늙고, 병들고,
죽는 네 가지의 고통을 말합니다.

아난 　바로 그렇습니다. 그러던 어느 날, 북문으로 나간
싯다르타 태자는 출가한 수행자를 만났어요. 아무것도 가지지 않았
지만 당당함과 자유로움을 지닌 사람이었지요. 그를 만난 후 싯다르
타 태자는 앞서 본 고통스러운 모습에서 벗어날 방법을 알려면 출가
를 해야 한다고 생각했습니다. 그래서 왕자의 자리를 버리고 출가한
것이지요. 그때 싯다르타 태자의 나이는 29세였습니다.

　아난의 증언을 듣던 김딴지 변호사가 판사를 향해 손을 들고 정중
히 물었다.

김딴지 변호사 　판사님, 제가 질문해도 되겠습니까?

판사 　허락합니다. 대신 이번엔 무작정 딴죽만 걸지 말고 꼭 필요
한 질문만 하세요.

김딴지 변호사 　아, 그럼요. 원래 저는 꼭 필요한 말만 하는 사람입
니다, 흠흠. 증인의 말 중에 이해가 안 되는 부분이 있습니다. 누구나
늙고 병들고 죽는데, 싯다르타 태자는 왜 갑자기 그런 평범한 사건
에 충격을 받았을까요?

아난 　어쩌면 싯다르타 태자가 워낙 편하고 화려한 생활을 해서
이전에 그런 모습을 보지 못했기 때문일 수도 있어요. 그러나 평범
한 진리라고 해도 그것을 어떻게 받아들이는가는 사람마다 다르기

때문일 수도 있지요.

싯다르타 태자는 이미 어린 시절, 생명의 보잘것없음과 고통스러움을 보고 심각한 의문이 들었습니다. 그리고 그 후 동서남북 네 문에서 본 일이 태자의 의문에 불을 지폈지요. 의문이 확 일었다고 할까요.

김딴지 변호사 흠, 그래도 여전히 이해가 안 되는군요. 남들의 삶이 어떻든 그게 도대체 무슨 상관인지⋯⋯. 그리고 그런 사람들을 고통에서 벗어나게 해 주고 싶다면, 가난한 사람에게 먹을 것을 주고 병든 이에게 좋은 약을 주고 노인을 공경하면 되지 않습니까? 그 편이 훨씬 더 현실적이지 않을까요?

아난 싯다르타 태자는 그런 삶을 남의 삶이 아닌 태자 자신의 삶이라고 느꼈기 때문입니다. 지금 아무리 행복해도 자신도 늙고 병들고 죽을 것을 알았기 때문이고, 또 그것이 얼마나 고통스러울지도 자신의 일처럼 느꼈기 때문이지요.

게다가 음식과 약을 주거나 공경하는 것도 좋지만 그것은 결국 한계가 있습니다. 만약 나라가 가난해지면 어떡합니까? 자신이 왕위에서 물러난 이후에는 또 어떡합니까? 싯다르타 태자는 좀 더 근본적인 방법을 찾으려고 한 것이지요.

판사 아, 그래서 싯다르타 태자가 출가를 결심한 거군요. 고통에서 벗어나는 방법을 찾으려고 말이지요.

김딴지 변호사 판사님, 잠깐만요. 중요한 질문이 아직 남아 있습니다. 아무리 고통에서 벗어나는 길을 찾는 것이 중요하다고 해도, 이제 막 아들을 낳은 야소다라 왕자비와 자신에게 왕위를 물려줄 날만 고대하던 아버지 슈도다나 왕, 자신의 아들 라훌라를 두고 출가한 것은 너무 이기적이고 무책임한 일이 아닙니까?

김딴지 변호사가 법정을 둘러보며 말하자 방청석이 술렁였다.

"그래, 김딴지 변호사의 말이 맞는 것 같은데? 왕의 사리를 물려주려던 아버지를 실망시키다니……. 그렇게 안 봤는데 석가모니는 이기적인 사람이었네그려."

"그러게. 아내와 아들은 또 무슨 죄야? 아버지가 훌쩍 집을 떠나 버리니 라훌라는 졸지에 아빠 없는 아이가 되었잖아. 쯧쯧, 불쌍해라."

당황한 이대로 변호사가 아난을 쳐다봤다. 하지만 아난의 표정은 담담하기만 했다. 이대로 변호사는 마음을 가라앉히고 아난에게 물었다.

이대로 변호사 증인도 지금 원고 측 변호인의 질문을 들었지요? 정말 싯다르타 태자는 이기적이고 무책임한 사람이었습니까?

아난 나는 단 한 번도 석가모니 부처님을 이기적인 사람이라고 생각한 적이 없어요. 출가할 당시에는 많은 이들이 싯다르타 태자를 비난했습니다. 그건 사실이에요. 하지만 그가 깨달음을 얻은 뒤 다시 자신의 나라를 찾았을 때는 아무도 그를 비난하지 않았습니다. 그가 더 큰 행복, 더 큰 책임을 위해 출가했다는 것을 이해하게 되었으니까요.

이대로 변호사 다른 사람들이야 그렇다 쳐도 야소다라 왕자비나 아들 라훌라는 섭섭한 마음이 남아 있었을 법도 한데요. 어떤가요?

아난   그렇지 않습니다. 나중에 야소다라 왕자비가 아들 라훌라를 석가모니 부처님의 교단으로 출가시킨 것만 봐도 부처님의 행동이 옳았다고 인정한 것을 알 수 있지요.

또한 ▶싯다르타 태자를 엄마처럼 키워 주던 이모 마하파자파티노 석가모니의 교단으로 출가해 여성 출가자, 즉 비구니가 되었어요. 이 모든 일은 석가족이 자기 나라에서 '깨달은 사람'인 부처가 탄생한 것을 자랑스러워했기 때문에 이루어진 것입니다.

아난이 상세히 증언하자 법정이 다시 술렁였다.

"그럼 그렇지. 진실은 대부분 나중에 밝혀지거든."

"맞아. 그때 싯다르타 태자가 출가하지 않았다면 지금의 불교는 나오지 못했을 거야."

"역시 사람 말은 끝까지 들어야 한다니까."

방청석에서 들려오는 소리에 이대로 변호사는 안도의 한숨을 쉬었다. 반면 김딴지 변호사는 얼굴이 붉으락푸르락해졌다.

판사   방청객 여러분, 조용히 해 주세요. 싯다르타 태자가 어떤 이유로 고민했고 출가를 하게 되었는지 알아보았으니, 이번에는 출가 이후에 어떻게 지냈는지 들어 보도록 하지요.

2

석가모니는 왜 고행을
그만두었을까?

김딴지 변호사　　저는 아직도 싯다르타 태자가 이기적이었고 남은 사람들이 불쌍하다고 생각합니다. 하지만 증인의 생각이 그렇지 않다니 다음 질문으로 넘어가지요. 그래서 싯다르타 태자는, 아니, 이젠 태자가 아니지요. 싯다르타는 왕궁을 떠난 다음에 뭘 했습니까?

아난　　처음에는 스승을 찾아다녔다고 합니다. 그는 대단하다고 이름난 스승을 찾아가 그 밑에서 배우고 수행했는데 금방 스승의 수준을 뛰어넘었다더군요. 다음 스승도 마찬가지였고요. 그 뒤로는 6년 동안 혼자 고행을 했다고 합니다.

김딴지 변호사　　흠, 제 생각에는 그것도 싯다르타가 잘난 척한 것으로 보입니다. 참고로 방청석과 배심원석에 계신 여러분의 이해를 돕기 위해 한말씀 드리겠습니다.

'고행'이란 '고통스런 수행'이라는 뜻으로 당시 인도에서는 많은 이들이 고행을 했다고 합니다. 자신의 몸을 고통스럽게 만들다 보면 욕심을 버릴 수 있고, 정신이 맑아져 깨달음을 얻을 수 있다고 여겼지요.

판사　어려운 용어를 알아서 설명해 주다니, 김딴지 변호사, 보기보다 세심한데요. 허허. 그럼 신문을 계속하세요.

판사의 칭찬을 들은 김딴지 변호사는 의기양양한 표정으로 어깨를 으쓱했다.

김딴지 변호사　제가 좀 세심한 남자라고 소문이 나 있긴 합니다. 하하. 그건 그렇고 제가 가진 자료에는 싯다르타가 끝까지 고행을 한 건 아니고, 도중에 동료들을 배신하고 그만두었다고 나오는데요.

이대로 변호사　이의 있습니다. 싯다르타는 자신이 옳다고 생각한 방향으로 가기 위해 고행을 그만둔 것뿐인데 그것을 배신이라고 할 수는 없지요. 정정을 요청합니다.

김딴지 변호사　같이 고행하다가 고행이 힘들다고 친구들을 버렸으니 배신이나 다름없죠. 그렇지 않습니까?

판사　흠, 원고 측 변호인의 말에도 일리가 있습니다. 피고 측 변호인의 이의를 기각합니다. 원고 측 변호인, 계속하세요.

김딴지 변호사　감사합니다. 그런데 싯다르타가 고행을 하긴 한 건가요? 말로만 대충 하다가 때려치운 건 아닌지 의심스럽습니다.

파키스탄 라호르 박물관에 소장된 석가모니
고행상

김딴지 변호사의 말에 이대로 변호사가 참을 수 없다는 듯 자리를 박차고 일어났다. 그의 손에는 사진이 한 장 들려 있었다.

이대로 변호사　김딴지 변호사는 정말 의심도 많군요. 판사님, 싯다르타가 고행한 증거로 이 사진을 제출합니다. 이걸 보면 누구라도 그가 얼마나 힘들게 고행했는지 알 것입니다. 증인께 질문하지요. 싯다르타가 당시에 한 고행에 대해 알고 계십니까?

아난　네. 싯다르타가 처음 고행을 시작했을 때는 하루에 한 끼씩 먹다가 나중에는 일주일에 한 끼로 줄였습니다. 그나마도 곡식 한 알이었지요. 또 몸의 털을 하나씩 뽑기도 하고, 가시 덩굴에 눕기도 했으며, 며칠 동안 연못에 들어가 나오지 않기도 했습니다. 몸을 씻거나 머리를 깎지 않고, 바람이 불거나 비가 오거나 춥거나 덥거나 마른 나무토막처럼 앉아 있었다고 합니다.

이대로 변호사　듣기에도 정말 참혹하군요. 그러니 이 사진에서처럼 뼈가 드러난 해골의 모습이었겠지요. 그러면 언제 고행을 멈추었습니까?

아난　당시 수자타라는 여인이 그 부근을 지나다가 앙상하게 뼈만 남고 눈 주위가 움푹 파인 그분을 보았습니다. 수자타의 눈에는 당장이라도 죽을 것 같아 보였어요. 하지만 그 기운이 범상치 않아서,

　왜 석가모니는 왕자의 자리를 버렸을까?

수자타는 얼른 부드럽고 영양가 많은 우유죽을 끓여 와 싯다르타에게 주었다고 합니다.

김딴지 변호사 그럼 그렇지. 그 죽을 날름 받아먹은 거군요! 고행을 열심히 하지 않았으니 먹는 것에 욕심이 났겠지요. 증인은 자신의 생각을 솔직히 말해 보세요.

선정

불교에서 마음을 하나의 대상에 집중하여 전혀 동요가 없는 상태를 일컫는 말입니다.

아난   뭘 모르는 사람은 그렇게 생각할 수도 있겠지요. ▶하지만 싯다르타는 그즈음 고행에 대한 의심이 들었습니다. 고행은 몸을 너무 학대하여 도리어 정신을 혼미하게 하고, 올바른 판단을 하지 못하게 정신을 마비시킨다는 생각이 들었지요. 그래서 고행을 그만하기로 작정하고 강물에 몸을 씻고 앉아 있는데 때마침 수자타가 우유죽을 주니 고맙게 마신 것이지요.

김딴지 변호사   6년 동안 같이 고행한 다섯 명의 동료들과 함께 그만두든가 해야지 혼자만 고행을 그만둬요?

이대로 변호사   원고 측 변호인의 질문은 참으로 유치하군요. 싯다르타가 그만두자는 말을 안 해 봤겠어요? 하지만 당시는 고행이 유행이었을 뿐 아니라, 싯다르타가 깨달음을 얻기 전이라 그의 말이 그다지 설득력이 없었던 것입니다. 결국 동료들의 비웃음을 받으며 싯다르타는 혼자 보리수 아래로 가서 선정에 든 거지요. 증인, 그렇지 않습니까?

아난   맞습니다. 나도 그렇게 들었습니다.

이대로 변호사   그럼 싯다르타가 고행을 그만둔 것이 정말로 동료를 배신한 것인지 따져 봅시다. 함께 수행했던 다섯 명 가운데 한 명인 앗사지를 증인으로 불러 주십시오.

판사   증인은 나와서 먼저 선서해 주세요.

앗사지가 차분하게 선서하고 증인석에 앉았다.

교과서에는

▶ 싯다르타는 다른 수행자들의 수행법으로 수행했지만 해탈에 이르지 못했습니다. 그러자 그는 보리수 아래에서 49일 동안 명상을 했고, 스스로 진리를 깨달아 부처가 되었습니다.

이대로 변호사   먼 길을 와 주셔서 고맙습니다. 증인이 보기에 싯다르타가 고행을 그만둔 것이 동료들을 배신한 것이었나요?

앗사지   사실은 싯다르타가 우리 중에서 가장 열심히 고행을 했습니다. 그러던 그가 갑자기 고행을 포기하더니, 목욕을 하고 여인이 주는 죽을 먹어서 우리의 배신감은 아주 컸지요.

이대로 변호사   그런데 나중에 그가 석가모니가 된 후에 되돌아보니 배신이 아니었다, 이런 말이지요?

앗사지   네, 그렇습니다.

앗사지의 증언을 듣던 김딴지 변호사가 어느새 끼어들어 물었다.

김딴지 변호사   결국 그 순간에는 일단 배신이었다는 거지요? 나중에 깨달음을 얻었으니 이해가 된 거지, 해탈하지 못했다면 석가모니와 다시 얼굴을 봤을까요?

앗사지   글쎄요, 그건 생각해 보지 않은 문제라서…….

이대로 변호사   김딴지 변호사, 제가 신문하는 중이거든요. 흠흠. 그를 배신자라고 생각하다가 다시 만났을 때의 상황을 증인께서 설명해 주시겠습니까?

앗사지   나를 비롯한 다섯 명의 수행자들은 멀리서 석가모니가 오는 것을 보고 화가 났습니다. 뻔뻔하게 우리에게 다시 왔으니까요. 그래서 우리는 인사도 하지 말자고 다짐했지요.

그런데 말이지요, 그게…… 그는 예전과 다른 모습이었습니다. 아주 편안해 보이면서 엄숙하고 당당한, 요즘 말로 하자면 카리스마 넘치는 모습이었지요. 우리는 다짐도 잊고 그에게 예의를 갖춰 절을 하고 발을 씻겨 주었습니다.

김딴지 변호사　　잠깐만요. 이건 뭔가 이상하군요. 혹시 석가모니가 주문을 외워 당신들의 혼을 빼놓은 것이 아닙니까?

앗사지　　물론 우리는 홀린 듯했지요. 하지만 그가 수상한 방법을 쓴 건 결코 아닙니다. ▶그는 자신이 깨달았다고 말하며, 자신이 얻은 깨달음에 대해 설명했습니다. 그걸 듣고 나서야 우리가 무엇에 홀려서 그렇게 행동한 것이 아니라 그의 모습이 깨달은 자의 모습이었기 때문이라는 것을 알게 되었지요. 이후 우리는 그를 싯다르타라고 부르지 않고 '깨달은 자'라는 의미의 '석가모니' 혹은 '부처'라고 불렀습니다.

이대로 변호사　　훌륭한 사람을 만나면 자기도 모르게 존경하게 되는 것과 같은 이치로군요. 원고 측 변호인, 이제 이해가 됐나요?

김딴지 변호사　　흥, 싯다르타가 깨달은 것이 그렇게 대단한 건가요?

앗사지　　물론입니다. 이제부터 여러분도 그분을 태자나 싯다르타가 아니라 석가모니 부처라고 해야 합니다! 그분은 확실히 깨달았으니까요.

김딴지 변호사　　알았어요. 알았다고요. 이제부터는 석가모니 부처라고 하겠습니다. 하지만 아무리 생각해도 석가모니가 깨달았으니, 즉 결과가 좋으니, 비록 그 과정에서

교과서에는

▶ 석가모니는 인생이 생로병사의 괴로움으로 가득 차 있지만 그 괴로움은 마음속 욕심 때문에 생기는 것이라고 지적했습니다. 그는 어떻게 하면 욕심을 버리고 해탈의 경지에 이를 수 있는지에 대해 설교했고, 많은 제자들이 그를 따랐습니다.

배신하긴 했지만 그냥 용서하자는 말로밖에는 들리지 않습니다.

이대로 변호사   김딴지 변호사는 쓸데없는 고집을 부리는군요. 그럼 이런 예를 들어 보지요. 깡패 집단이 있습니다. 흔히 조직폭력배라고 하지요? 그들은 애꿎은 사람, 특히 자기들보다 약한 사람을 때리고 협박하고 돈을 빼앗습니다. 어느 날 그들 중 한 사람이 자기 동료들에게 맞는 노인을 보고 자신의 어머니를 생각했습니다. 이런 생활이 옳지 못하다는 생각이 들었지요. 그래서 그 생활을 그만두고 바르게 살고자 그들과 인연을 끊었습니다. 그럼 이 사람을 배신자라고 비난해야 할까요?

김딴지 변호사   그것과는 상관이 없지요. 고행하는 사람들도 다 깨달음이라는 큰 목표를 가진 이들이니까 깡패들과 비교하는 것은 억지입니다!

판사   아, 내 생각에는 적절한 예인 듯합니다. 자기의 방법이 옳지 않을 때 그것을 인정하고 방법을 바꾼다는 것은 상당히 용기 있는 행동입니다. 어떤 경우나 마찬가지 아니겠습니까?

판사의 말에 김딴지 변호사는 울상이 되었다. 반면, 이대로 변호사는 회심의 미소를 지었다.

왜 석가모니는 왕자의 자리를 버렸을까?

3

석가모니는
목표를 달성했을까?

이대로 변호사   질문을 계속하겠습니다. 증인이 당시 석가모니에게 들은 이야기를 좀 해 주시지요.

앗사지   먼저 그분은 욕심을 부리지 말고 자기 자신을 괴롭히는 고행도 하지 말고 바르게 살라고 말했습니다. 그것이 중도(中道)라고 했지요. 그러고는 중도를 여덟 가지로 설명했습니다. 올바르게 보고, 말하고, 생각하고, 행동하고, 노력하고…….

김딴지 변호사   잠깐만요, 우리가 지금 그 방법으로 수행하려고 하는 것이 아니니까 설명은 그 정도로 하시지요. 그래, 그 여덟 가지 방법으로 수행을 하면 어떻게 된다는 겁니까?

앗사지   ▶그것을 팔정도(八正道)라고 하는데, 팔정도에

교과서에는

▶ 불교에서는 진리를 깨달은 인간은 괴로움에서 벗어날 수 있다고 가르칩니다. 깨달음을 얻기 위한 방법으로는 팔정도를 주장했습니다.

따라 수행하면 생로병사, 즉 태어나고 늙고 병들고 죽는 것에서 벗
어날 수 있다고 했습니다.

김딴지 변호사   하하하, 웃기는군요. 도대체 누가 세상의 이치인 생
로병사에서 벗어날 수 있다는 겁니까? 사기 아닌가요?

김딴지 변호사가 어처구니없다는 듯 웃자, 앗사지가 엄숙한 표정
으로 그를 노려보았다.

앗사지　세상에 대한 이해력이 낮은 사람들은 절대 이해할 수 없는 이야기이니 김딴지 변호사에겐 설명해도 소용이 없을 것 같군요.

앗사지가 코웃음을 치며 고개를 돌리자, 얼굴이 붉으락푸르락해진 김딴지 변호사가 소리쳤다.

김딴지 변호사　뭐가 어쩌고 어째요? 신성한 법정에서 변호사를 모욕하다니! 판사님, 이건 있을 수 없는 일입니다. 증인을 당장 물리쳐 주십시오!

판사가 잠시 생각하는 동안 가만히 이 상황을 보고 있던 이대로 변호사가 말했다.

이대로 변호사　판사님, 원고 측 변호인이 먼저 증인이 존경하는 석가모니를 모욕했다는 점을 고려해 주십시오. 더구나 지금 증인에게 듣지 못하면 석가모니가 무엇을 깨달았는지 알 수 없습니다. 데바닷타와 석가모니가 왕자의 자리를 버린 데에 어떤 차이점이 있는지를 파악하는 것이 이번 재판의 핵심이라고 생각합니다.

판사　흠, 그런가요? 일단 원고 측 변호인은 흥분을 가라앉혀요. 앗사지 대신 그 이야기를 신중하게 해 줄 사람을 신문하는 것이 좋겠는데…… 누구 없을까요?

이대로 변호사　그럼 피고인 사리푸트라를 신문하게 해 주세요.

방청석에 앉아 있던 사리푸트라가 사뿐사뿐 걸어 나왔다. 그는 증인석에서 내려오는 앗사지에게 공손히 두 손을 모아 합장했다. 사리푸트라는 증인석에 앉아 물을 한 잔 마시고 말하기 시작했다.

사리푸트라　　내가 말씀드리지요. 사실 팔정도의 수행법은 쉬운 것이 아닙니다. 진정으로 깨달음에 대해 고민하고 노력하는 사람만이 알아들을 수 있지요. 그럼 먼저 사성제, 변하지 않는 네 가지 진리에 대해 설명하지요.

　　첫 번째 진리는 고제로, 태어나고 늙고 병들고 죽는 인생살이가 고통이라는 것입니다. 그럼 고통의 원인은 무엇인가요? 제대로 세상을 보지 않아서 생기는 욕심, 화냄, 어리석음이 고통의 원인이라는 게 두 번째 진리인 집제이지요. 그리고 고통을 없애려면 그 원인이 되는 것들, 욕심과 화, 어리석음을 끊고 해탈에 들어야 한다는 것이 세 번째 진리, 멸제입니다. 마지막 네 번째 진리는 바로 앞에서 얘기한 팔정도, 즉 여덟 가지 바른 길로 해탈에 이른다는 도제를 말합니다.

　　이러한 진리를 통해 우리는 생로병사의 고리에서 벗어날 수 있습니다.

이대로 변호사　　그래도 어려운데요. 설명을 들으니 머리가 아프네요. 처음 그 사성제에 대한 설명을 들은 다섯 명의 고행자들은 어땠습니까?

사리푸트라　　그들은 깨달음을 얻기를 간절히 원해서 어려운 고행도 마다하지 않던 사람들입니다. 때문에 석가모니의 설명을 금방 알아들었지요. 그 자리에서 바로 석가모니를 스승으로 모시기로 결심했다더군요.

이대로 변호사　　그들도 참 대단한 사람들이군요. 그럼 이런 질문을 한번 해 보지요. 피고는 싯다르타가 왕자의 자리를 버리고 출가한 것에 대해 어떻게 생각합니까?

사리푸트라　　만약 그분이 출가하지 않았다면 지금도 인도에서는 고행을 계속하다 몸이 약해져서 죽는 사람이 수없이 많았을 것입니다. 석가모니가 깨달은 것은 자신만을 위한 일이 아니라, 우리같이 진리를 원하는 사람 모두를 위해 더없이 중대한 일입니다.

판사　　나도 한 가지 질문하겠습니다. 피고가 석가모니의 말 중에서 가장 중요하다고 생각하는 부분은 무엇입니까?

사리푸트라　　모든 부분이 다 중요합니다만, 지금 법정에 있는 분들에게 전하고 싶은 이야기는 모든 것은 변한다는 겁니다. 지금의 법정과 1분 후의 법정은 다르지요. 사진으로 찍어 봐도 이것을 알 수 있습니다. 판사가 쓰는 법봉도 늘 똑같아 보이지만 한 번 두드릴 때마다 조금씩 닳습니다. 사물이 그렇듯이 우리도 마찬가지입니다.

김딴지 변호사　　그럴싸하게 들리지만 과학적으로 확인되지 않은 사실을 이야기해서 사람들을 현혹하는군요.

이대로 변호사　　원고 측 변호인이 과학적인 설명을 원하시니, 제가 증인의 말을 조금 보충하도록 하겠습니다. 우리 몸의 세포는 끊임없이 생겨나고 죽는 과정을 거듭합니다. 예를 들어 피부 세포의 수명은 28일이고, 위 점막 세포는 3~4일에 한 번씩 새로운 세포로 바뀌

지요. 심지어 몸속의 세포 중에 수명이 두 시간 반밖에 되지 않는 것
도 있다고 합니다. 그러니 조금 전의 제 몸과 지금의 제 몸은 엄밀히
따지면 같은 몸이라고 할 수 없지요. 어떻습니까? 이 정도면 과학적
인 설명이라 볼 수 있겠죠?

이대로 변호사의 말에 김딴지 변호사는 고개만 까딱했다.

왜 석가모니는 왕자의 자리를 버렸을까?

사리푸트라　　우리가 살던 시대에는 그런 과학적인 발견은 없었지만 모든 것이 변한다는 사실은 깨닫고 있었습니다. 지금은 그런 것이 정확한 수치로 증명된다니, 석가모니의 깨달음이 과학적으로도 증명된 셈이군요.

이대로 변호사를 보며 환히 웃던 사리푸트라가 그 표정 그대로 김딴지 변호사를 쳐다보며 말했다.

사리푸트라　　몸에 이어 마음도 그와 같습니다. 김딴지 변호사는 판사가 칭찬해 주면 그를 좋은 사람이라고 생각하고, 싫은 소리를 하면 나쁜 사람이라고 생각하지 않습니까? 판사가 다른 사람이 된 것도 아닌데 마음이 자꾸 바뀌지요. 안 그렇습니까?

김딴지 변호사는 뜨끔하여 판사를 한 번 쳐다보고는 시치미를 뚝떼고 고개를 저었다.

김딴지 변호사　　저는 그렇지 않습니다. 판사님을 늘 좋은 분이라고 생각하지요. 그리고 왜 자꾸 자기만 세상을 이해하는 듯이 이야기합니까? 세상의 모든 것이 변한다는 것을 안다고 해서 우리가 얻는 게 과연 뭡니까?

사리푸트라　　모든 것이 자꾸 변하고 믿을 수 없으니 집착하고 욕심내지 말자는 것이지요. 만물이 변한다는 것을 제대로 알면 욕심은 자연스럽게 사라집니다.

김딴지 변호사　　그럼 뭡니까? 어차피 내 몸은 늙고 병들어 죽을 테니 욕심내지 말고 밥도 먹지 말고 씻지도 말자, 이래야 한다는 말입니까?

사리푸트라　　그렇지 않습니다. 아까 앗사지가 중도에 대해 말했지요? 너무 내 몸을 위하지도 말고 내 몸을 무시하지도 말자, 이겁니다.

　　늙고 병듦에 대해 제대로 알면 자신이 늙고 병드는 것도 당연하게 생각합니다. 그것을 서러워하거나 무서워하지 않지요. 죽음도 마찬가지입니다. 누구나 반드시 죽기 때문에 자연스럽게 죽음을 맞을 준비를 해야 합니다.

이대로 변호사　　제대로 알면 더 당당하고 행복하게 살 수 있다는 말이지요?

사리푸트라　　이대로 변호사는 역시 이해가 빠르군요. 바로 그겁니다.

이대로 변호사　　오늘 좋은 것을 배웠습니다. 앞으로는 모든 것을 제대로 알고 제대로 살아야겠습니다.

판사　　자, 시간이 다 되었습니다. 오늘은 싯다르타 태자가 왜 출가했으며 어떤 깨달음을 얻어 석가모니 부처가 되었는지를 알아봤습니다. 그럼 오늘 재판은 이것으로 마치겠습니다.

　　땅, 땅, 땅!

다알지 기자

　　누구보다 빠르게 소식을 전하는 역사공화국 법정 뉴스의 다알지 기자입니다. 데바닷타 대 사리푸트라의 두 번째 재판에서는 석가모니와 데바닷타가 왜 왕자의 자리를 버렸는지에 대해 알아봤는데요. 원고가 석가모니가 왕자의 자리를 버린 것과 자신이 버린 것이 다르지 않다고 주장한 것에 대해 양측의 주장이 팽팽하게 맞섰습니다. 이에 이 재판의 당사자인 원고와 피고의 이야기를 자세히 들어 보기로 하지요.

데바닷타

석가모니와 나는 똑같이 왕자의 자리를 버리고 출가했소. 그런데 사람들은 석가모니가 왕자의 자리를 버린 것은 대단하게 여기면서 내가 왕자의 자리를 버린 것에는 의미를 두지 않더군요. 석가모니는 소심한 겁쟁이였소. 왕위를 물려받아 나라를 다스리기는 무리였지. 그리고 어린 아들과 아내, 아버지 슈도다나 왕을 두고 성문 밖의 사람들을 고통에서 벗어나게 해 주고 싶다며 출가한 것은 너무 이기적이고 무책임한 짓이었소. 게다가 출가한 후에 싯다르타는 어땠소? 그는 고행을 하다 동료들을 배신하고 그만두었어요. 그런데 내가 따로 교단을 만든 것은 그토록 욕하면서, 석가모니가 고행하다 배신한 것은 왜 아무 일도 아니라고 생각하는 건지…….

왜 석가모니는 왕자의 자리를 버렸을까?

사리푸트라

데바닷타와 석가모니가 왕자의 자리를 버
린 것은 그 의미가 전혀 다르오. 석가모니는 깨
달음을 얻어 모든 것에서 자유롭게 되었는데, 데바닷
타는 그렇지 못했소. 석가모니가 고행을 그만둔 이유는 몸을 너무 학
대하다 보면 도리어 정신이 혼미해지고 올바른 판단을 하지 못하게 된
다고 생각했기 때문이지요. 만약 그분이 그런 깨달음을 얻지 않았다
면, 고행을 하다 몸이 약해져서 죽는 사람이 수없이 많았을 거요. 데바
닷타는 자꾸 석가모니를 소심한 겁쟁이라고 하는데, 그건 석가모니가
다른 이의 아픔을 같이 느끼는 자비심을 가졌기 때문이오. 석가모니가
깨달음을 얻은 뒤 야소다라 왕비는 아들 라훌라를 석가모니의 교단으
로 출가시켰소. 엄마처럼 싯다르타를 키워 주던 이모 마하파자파티도
석가모니의 교단으로 출가해 여성 출가자가 되었지요. 이건 모두 그들
이 석가모니의 행동을 인정하고 자랑스러워했기 때문이오.

석가모니의 생애,
작품으로 만나다

마야 왕비의 싯다르타 출산

이 그림은 인도 카필라바스투 왕국 슈도다나 왕의 비인 마야 부인이 싯다르타를 출산하는 모습을 그린 것입니다. 마야 부인은 흰 코끼리가 옆구리로 들어오는 꿈을 꾸고 싯다르타를 임신했다고 전해지지요. 마야 왕비는 카필라바스투 성과 가까이에 있던 천비성의 성주인 선각왕의 딸이라고 알려져 있습니다.

마라에 둘러싸인 석가모니

'마라'는 인도 신화에 등장하는 악마를 뜻합니다. 그 모습은 확실치 않지만 사람의 마음을 유혹하는 힘이 있었던 것으로 보고 있습니다. 석가모니는 보리수 아래에서 깨달음을 얻기 위해 명상을 하였는데, 이때도 마라가 나타나 마음을 어지럽혔다고 전해지지요. 하지만 마라의 이러한 방해에도 석가모니는 마음이 흔들리지 않았다고 합니다. 그림에서도 중앙에 의연하게 앉은 부처님의 모습을 확인할 수 있습니다.

석가모니의 초전법륜을 듣는 다섯 제자

보리수 아래에서 깨달음을 얻은 석가모니는 자신이 알게 된 것을 다른
사람들에게도 전하고 싶었습니다. 그래서 지난날 같이 수행하던 다섯
사람의 수행자들을 만나 깨달음을 전해 주지요. 이와 같이 석가모니가
최초로 불교의 교의를 말한 것을 '초전법륜'이라 하는데, 이 가르침을 받
은 수행자들은 석가모니의 제자가 됩니다.

석가모니의 죽음

석가모니는 80세가 될 때까지 가르침을 전하는 것을 멈추지 않았습니다. 그러다 쿠시나가라라는 지역에서 병이 위독해지자 제자들에게 최후의 가르침을 편 다음 "쉬지 말고 수행하라"는 유언을 남기고 숨을 거둡니다. 이러한 석가모니의 죽음을 두고 '열반'하였다고 하는데, 이것은 세상의 모든 괴로움에서 벗어나 깨달음의 최고 경지에 도달하는 것을 말합니다.

석가모니를 왜 인류의 스승이라고 할까?

1. 석가모니의 제자들은 어떤 사람들이었을까?
2. 왕들도 석가모니를 따른 것이 사실일까?
3. 석가모니는 정말 죽었을까?

1

석가모니의 제자들은
어떤 사람들이었을까?

판사　데바닷타 대 사리푸트라의 3차 재판을 시작합니다. 오늘은 피고 측 변호인의 변론으로 시작할까요?

이대로 변호사　네. 먼저 피고인 사리푸트라에게 묻겠습니다. 석가모니가 깨달음을 얻은 후에 그를 따르는 제자들이 많았나요?

사리푸트라　고행을 함께 하던 다섯 명의 동료가 첫 제자들이었지요. 그 뒤로 제자들의 숫자는 점점 늘어났는데, 그들 중에는 특이한 사연을 가진 이들이 많았습니다.

이대로 변호사　몇 명만 소개해 주시지요.

사리푸트라　우선 야사라는 젊은이가 있는데, 그는 아주 잘사는 부잣집 도련님인 데다 잘생기고 머리도 좋아서 그 지역에서 인기가 많았지요. 그런데 그는 늘 쾌락을 좇았어요. 어여쁜 시녀들과 노래하고 춤을 추며 밤새도록 술을 마셨다고 하지요. 그렇게 놀다가 잠이 들었던 어느 날, 야사가 문득 눈을 떠 시녀들을 보니 머리는 산발이고 침을 흘리며 지저분하게 자고 있는 거예요. 전날까지 그렇게 예쁘던 이들의 추한 모습을 보고, 그는 한심하고 괴롭다는 생각이 들었습니다. 그래서 집을 뛰쳐나와 무작정 걸었지요. 그러다 석가모니를 만났다고 합니다.

이대로 변호사　　그래서 어떻게 되었나요?

사리푸트라　　괴로워하는 야사에게 석가모니는 "모든 것은 변한다. 그래서 괴로운 것이다"라고 설명했습니다. 야사가 괴로움에서 벗어날 방법을 묻자 석가모니는 쾌락만을 좇지 말아야 하고 남에게 베풀어야 한다고 말했지요. 야사는 총명했기 때문에 그 자리에서 그 말을 알아듣고 석가모니의 제자가 되기로 결심했습니다.

김딴지 변호사　　부잣집 도련님이 방탕한 생활을 하다가 석가모니의 제자가 되었다는 말이지요? 뭐, 그리 대단한 이야기도 아니네요.

사리푸트라　　그 뒤의 이야기도 들어 보세요. 야사가 석가모니를 따라 머리를 깎고 출가하자, 그의 집에서는 아들이 없어졌다고 난리가 났습니다. 그래서 그의 부모가 아들을 찾으러 나섰다가 석가모니를 만났지요. 석가모니의 설명을 들은 그들은 크게 감동하여 아들의 출가를 허락한 것은 물론이고, 자신들도 석가모니의 제자가 되겠다고 간청했습니다. 야사의 부모는 출가하지 않은 신도, 즉 재가 신도 1호가 되었습니다. 그 소식을 들은 야사의 친구들과 동네 젊은이들 50명이 한꺼번에 석가모니를 따라 출가했습니다. 이로써 교단이 만

탁발

밥을 얻어먹는 것을 말합니다. 머무는 마을에서 부유한 집이나 가난한 집을 가리지 않고 일곱 집을 돌며 얻어먹는 것으로 수행의 일종입니다.

들어진 것이지요.

이대로 변호사   그럼 원고는 언제 제자가 되었습니까?

사리푸트라   지난번 심리에서 증인으로 나온 앗사지를 만나고 나서입니다.

이대로 변호사   앗사지는 석가모니와 고행을 함께 하던 동료였다가 그의 첫 제자가 된 다섯 명 중 한 명이 아닙니까? 피고는 그를 어떻게 만났나요?

사리푸트라   그건 시간을 더 거슬러 올라가야 설명이 됩니다. 나와 내 친구인 목갈라나(목련존자)는 산자야의 제자였습니다. 우리는 오랫동안 열심히 산자야의 가르침대로 수행했지요. 하지만 점점 그 방법만 가지고는 안 된다는 생각이 들었습니다. 저뿐만 아니라 목갈라나도 그런 생각을 하더군요. 그래서 우리는 더 훌륭한 스승을 찾아보려고 각자 길을 떠났지요. 누구라도 훌륭한 스승을 찾으면 반드시 상대방에게 알려 주고 함께 공부하자고 약속하고요.

이대로 변호사   수행이 얼마나 대단한 것이기에 그렇게 목마른 사람이 물을 찾듯 스승을 찾은 건가요? 점점 관심이 가는군요. 앗사지를 만나 스승을 바꾸게 된 이야기를 상세히 들려주겠습니까?

사리푸트라   어느 날 나는 길을 걷다가 **탁발**을 하는 앗사지를 만났지요. 그의 위엄에 감동한 내가 "누구의 제자입니까?" 하고 물었더니 석가모니의 제자라고 대답하더군요. 나는 그에게 공부하여 얻은 바에 대해 듣고 싶다고 했지요.

앗사지는 모든 것은 자신의 마음과 행동, 말 등에 의해 생겨나니

자유로워지려면 그것을 끊어야 하고, 그러면 해탈을 얻을 것이라고
말했습니다. 그것이 바로 재판 둘째 날 제가 설명했던 사성제이지
요. 나는 그 말을 듣고 눈앞이 환해지는 것 같았어요. 그동안 훌륭한
스승을 구하지 못해 답답했던 마음에 희망이 생겼지요. 그래서 얼른
목갈라나를 찾아 함께 석가모니의 제자가 되었습니다.

김딴지 변호사　　잠깐만요. 그 말만 들으면 무척 훈훈하고 감동적이지만 중요한 문제가 하나 빠졌네요. 바로 당신들의 처음 스승이었던 산자야에 대한 것입니다.

김딴지 변호사의 말에 사리푸트라의 얼굴이 잠깐 어두워졌다. 그는 곧 고개를 천천히 저으며 말했다.

사리푸트라　　그분에 대해서는 나도 유감이라고 생각합니다. 하지만 어쩔 수 없는 일이었소.

김딴지 변호사　　당신들이 배신한 후 산자야는 억울한 마음에 피를 토하며 죽었는데, 기껏 하는 말이 어쩔 수 없는 일이었다고요?

사리푸트라　　그렇게 될 거라고는 미처 생각하지 못했습니다.

김딴지 변호사　　석가모니가 동료들을 배신하고 고행을 그만둔 것처럼, 증인도 결국 스승을 배신한 것이 아닙니까?

이대로 변호사　　판사님, 이의 있습니다. 원고 측 변호인은 자꾸 배신 배신 그러는데, 아는 단어가 배신밖에 없나 봅니다. 석가모니가 고행을 그만둔 것이나 원고가 산자야를 떠난 것은 진리를 깨치기 위한 것입니다. 그런데 이것을 모두 배신이라는 단어로 표현하는 것은 문제가 있다고 봅니다.

판사　　이의를 받아들입니다. 원고 측 변호인, 배심원들에게 부정적인 영향을 줄 수 있는 단어를 거듭 사용하는 것을 자제하세요.

김딴지 변호사　　알겠습니다, 판사님. 그럼 이렇게 질문해 보죠. 피고와 피고의 친구인 목갈라나는 자신의 깨달음을 위해 더 나은 스승으로 판단되는 석가모니의 제자가 되었습니다. 그건 그럴 수 있다고 합시다. 그런데 왜 멀쩡히 있는 산자야의 다른 제자들 250명까지 데리고 간 것입니까?

사리푸트라　　나는 내가 들은 진리에 대해 다른 제자들에게 설명하였습니다. 해탈하려고 가족을 떠나 힘들게 수행하던 이들이기에 모두 진리를 구하려는 마음이 간절하였지요. 나 또한 그 마음을 너무나 잘 알았습니다. 그런데 어떻게 우리끼리만 해탈하려고 떠날 수 있었겠습니까?

김딴지 변호사　　그럼 그들을 위해 그랬다는 건가요? 당신들끼리만 가면 숫자가 적어 푸대접을 받을까 봐 그런 게 아니고요?

사리푸트라　　우리는 대접을 잘 받고 못 받고, 그런 생각은 하지도 않았소. 그저 순수한 마음이었지요.

김딴지 변호사　　허, 순수라고요? 사기꾼도 자기는 순수하다고 하던데요.

　　김딴지 변호사가 방청객을 향해 어깨를 으쓱하며 말하자, 이대로 변호사가 벌떡 일어나 소리쳤다.

이대로 변호사　　판사님, 원고 측 변호인은 아주 무례하군요. 사기꾼이라니요!

판사　　이의를 받아들입니다. 원고 측 변호인, 의욕적으로 반론하는 건 좋지만 상대가 모욕을 느낄 만한 표현은 자제하기 바랍니다.

김딴지 변호사   하핫, 제 말투가 원래 좀 그래서……. 주의하겠습니다. 그럼 여기서 피고 때문에 억울하게 피를 쏟으며 죽은 산자야의 증언을 들어 보고 싶습니다.

판사   증인 산자야는 증인석으로 나오세요. 선서 후에 원고 측 변호인의 신문이 이어지겠습니다.

산자야가 증인석에 서서 선서를 마치자 김딴지 변호사가 입을 열었다.

김딴지 변호사   먼저 제자였던 사리푸트라와 목갈라나가 증인을 배신했을 당시의 느낌을 솔직하게 말씀해 주시지요.

산자야   사실 진리란 게 별겁니까? 해탈이란 게 별겁니까? 석가모니는 그때 해탈할 때가 되어서 해탈한 거고, 데바닷타는 아직 해탈할 때가 안 돼서 못한 것뿐이지요. 그런데 아직 때가 안 됐던 사리푸트라가 홀쩍 석가모니를 따라가더니 깨달음을 얻었다는데…… 아마 그 순간이 마침 그가 깨달을 시간이었나 보오. 그래도 나로서는 큰 제자를 잃었으니 어이가 없었지. 무척 화가 났는데, 그 순간이 내가 죽을 시간이었던지 피를 쏟고 죽었지요. 뭐, 꼭 사리푸트라가 나를 배신해서 내가 억울하게 죽은 거라고 할 수는 없소.

김딴지 변호사   아니, 무슨 말이 그렇습니까? 화가 났다고 했다가 어쩔 수 없었다고 했다가, 결국 모든 것이 다 때가 되어 이루어진 일이라니!

산자야　　세상일에는 정해진 바가 없소이다. 예를 들어 돌멩이를 던지면 어떤 일이 생길까요?

김딴지 변호사　　네? 돌멩이를 던지면요? 글쎄, 좀 위험한 일이 생길 것 같은데요.

산자야　　날아오는 돌멩이에 누군가가 맞으면 위험하지만, 아무 생각 없이 걷다가 돌멩이 덕에 정신을 차려서 넘어지지 않게 된다면 좋은 일이기도 하지요. 그래서 어떤 일도 쉽게 판단할 수 없다는 것이 내 생각이오.

김딴지 변호사　　거참, 애매모호한 답이군요. 그럼 증인은 사리푸트라 때문에 죽게 된 것이 화가 나지 않습니까? 억울하거나, 그가 밉지 않던가요?

이대로 변호사　　판사님, 이의 있습니다. 지금 원고 측 변호인은 증인이 감정적으로 대답하도록 유도하고 있습니다.

판사　　인정합니다. 증인은 원고 측 변호인의 이번 질문에 꼭 답변하지 않아도 됩니다.

산자야　　아니, 나는 별 상관 없습니다. 세상에는 꼭 좋기만 한 일도, 나쁘기만 한 일도 없지요. 사리푸트라가 해탈하려고 노력한 것은 좋은 일이지만, 그 과정에서 내가 죽은 것은 나쁜 일이에요. 하지만 결국 그가 해탈했으니 또 좋은 일이지요. 당시에 화가 났던 것은 사실이지만 그 상황은 이미 지나갔고, 지금은 또 지금의 상황과 판단이 남은 것이오.

김딴지 변호사는 산자야의 알쏭달쏭한 말을 듣고 가슴을 두어 번
치더니 한숨을 내쉬며 말했다.

김딴지 변호사   어휴…… 알겠습니다. 뭐 하나 확실한 것이 없군요.
그러니 제자들이 다 떨어져 나간 것이 아닙니까? 이렇게 답답해서
말이지요!

산자야는 김딴지 변호사의 불평에도 아랑곳하지 않고 느긋하게 대답했다.

산자야　뭐, 그럴 수도 있고. 그저 다 때가 돼서 일어난 일이지요. 허허.

김딴지 변호사　이것 참, 산자야의 사상에서 제일 중요한 게 **판단 중지**라더니 정말 어떤 것에도 쉽게 판단을 내리지 않는군요. 그럼 이번에는 방향을 좀 바꿔 보죠. 판사님, 원고에게 몇 가지 묻고 싶습니다.

판사　좋습니다. 원고 데바닷타를 신문하세요.

김딴지 변호사　원고는 오랫동안 석가모니의 제자로 있었습니다. 피고 사리푸트라를 비롯한 많은 이가 그곳에서 깨달음을 얻었습니다. 그런데 당신은 왜 깨달음을 얻지 못했나요?

데바닷타　글쎄요, 그들이 깨달음을 얻었다고 하는데 과연 그럴까요? 나도 신통력을 부려 천상에 가서 맛있는 과일을 따 먹는 정도는 합니다. 하지만 그것이 진정한 깨달음은 아닙니다.

김딴지 변호사　그럼 당신은 그들이 깨닫지 못했다고 생각하는 건가요?

데바닷타　그렇습니다. 깨달은 자가 남을 아프게 하겠습니까? 석가모니는 함께 고행하던 동료를 배신했고, 사리푸트라는 산자야를 배신했습니다. 나더러 깨닫지 못했다고 이야기하지만, 그들도 제대로 깨달은 것이 아닙니다.

판단 중지
눈으로 볼 수 없는 철학적 문제에 대해 무엇이 옳다거나 그르다거나, 착한 일이라거나 악한 일이라거나 하는 판단을 멈추는 것을 말합니다. 어떤 행동이 우리나라에서는 착한 일이 되지만 다른 나라에서는 악한 일이 될 수도 있지요. 그래서 어떤 문제에 대한 절대적인 판단을 중지하는 것입니다.

데바닷타가 또다시 배신을 들먹이자 이대로 변호사가 끼어들었다.

이대로 변호사 그래요? 지금껏 우리는 배신에 대해 여러 번 이야기했는데 아직도 그렇게 고집을 부리는군요. 질문의 방향을 좀 바꾸지요. 원고는 왜 왕자의 자리를 버렸나요?

데바닷타 태자 싯다르타가 해탈했다고 소문이 나자 그를 따르는 사람이 많았어요. 그가 무리를 이끌고 고향으로 돌아왔을 때 슈도다나 왕이 사람들에게 석가모니를 따라 수행하라고 권해서 석가족 안에서는 석가모니를 따라 출가하는 것이 유행처럼 번졌지요. 그래서 나도 석가모니의 제자가 됐소이다.

김딴지 변호사 결국 석가모니뿐 아니라 원고 데바닷타도 왕자의 자리를 버리고 수행자가 되었다, 이 말이지요?

데바닷타 그렇소.

김딴지 변호사 그런데 사람들은 석가모니가 왕자의 자리를 버린 것은 대단하게 여기면서 원고가 왕자의 자리를 버린 것에는 의미를 두지 않았군요. 거참, 세상은 역시 불공평하다니까요. 그렇지요?

데바닷타 맞소이다. 나도 그렇게 생각하는 바요.

이대로 변호사 과연 그럴까요? 석가모니는 '이 세상은 어떤 세상이기에 이렇게 생로병사의 고통으로 가득한가?'라는 의문을 풀기 위해 왕궁을 떠났습니다. 그런데 당신은 석가모니가 해탈하고 그를 따르는 무리가 많아지니 그 모습이 멋지게 보여서 그를 따라 출가한 것이 아닙니까? 이건 출발부터 다르지요. 그런데 뭐가 불공평하다고 불만입니까?

김딴지 변호사　　원고를 너무 몰아붙이지 마세요. 그는 평생 석가모니의 그늘에 가려 마음에 깊은 상처를 받은 사람입니다.

이대로 변호사　　깊은 상처요? 저는 원고 데바닷타 때문에 상처를 받은 이들이 더 많다고 생각합니다!

김딴지 변호사　　누굴 말하는 건가요? 그렇게 대충 말하지 말고 정확히 말해 보세요.

이대로 변호사　　우선 가장 큰 상처를 받은 이는 석가모니일 겁니다. 능력도 안 되면서 자신을 지도자로 지목해 달라고 당치 않은 부탁을 한 것도 모자라, 그걸 타일렀더니 오히려 원한을 품었잖아요. 도대체 수행을 어떻게 했기에 자신의 마음도 제대로 다스리지 못한 것입니까? 벼랑에서 돌을 굴려 석가모니를 맞추려 했고, 미친 코끼리를 풀어 놓아 석가모니가 밟혀 죽길 바랐고, 손톱에 독을 묻혀 석가모니를 해치려고 하지 않았습니까?

김딴지 변호사　　원고가 오죽 힘들었으면 그랬겠습니까? 판사님, 원고의 상황을 헤아려 주시기 바랍니다.

판사　　글쎄요. 아무리 마음에 상처를 받았다고 해도 사람을 죽이려 한 건…….

　김딴지 변호사의 말에 판사가 고개를 갸우뚱하자, 이대로 변호사가 자신감에 차서 말을 이었다.

이대로 변호사   흥, 의뢰인과 변호인이 참 잘 어울리네요. 제가 원고에게 질문하겠습니다. 출가해서 보니 석가모니가 자신보다 별로 잘나지도 않은 사리푸트라를 총애하는 것 같아 화가 난 거지요? 그래서 석가모니를 배신하고 따로 자신의 교단을 만든 거고요.

데바닷타   배신이 아니라 나는 석가모니와 다른 생각을 가졌고, 그에 동의하는 수행자들이 모여든 것뿐이오.

김딴지 변호사   맞습니다. 원고는 생각이 달랐기 때문에 따로 나가 교단을 만들었던 것뿐이에요. 그런데 사리푸트라와 이후의 불교도들은 산자야를 떠난 사리푸트라는 배신자라고 이야기하지 않으면서 원고인 데바닷타만 배신자라고 비난했던 것입니다. 참 안쓰럽게도 말이에요…….

데바닷타   맞습니다. 내가 억울하다는 것이 바로 그 점이에요! 불교도들이 나를 원수 대하듯 하고, 배신자로 낙인찍어서 정신적 피해가 상당히 큽니다. 반드시 이 점을 밝혀 보상을 받아야겠습니다!

이대로 변호사   아니, 거꾸로 생각해 봅시다. 원고는 지금 같은 문제를 가지고 자기는 배신이 아니고 다른 사람들은 배신이라고 주장하고 있지 않습니까? 모순에 빠져 허우적대는군요.

김딴지 변호사   흠. 똑같은 일을 했는데도 사람들이 누구는 감싸 주고 누구는 욕한 것을 보니 석가모니의 제자가 된 사람들은 높은 신분이었나 보군요. 역시 뒷배경 때문에 그런 차이가 생겼던 것이 아닙니까?

이대로 변호사   그렇지 않습니다. 석가모니의 제자들은 다양한 계

층의 사람들이었습니다. 최초로 여성을 제자로 받아들이
기도 했지요. ▶최하층 천민들도 여럿 있었습니다. 이발사
우팔리, 거지 여인 난다, 똥지게꾼인 니다이도 있었습니다.
그중 니다이를 증인으로 불러 주십시오.

판사　　증인 니다이는 증인석으로 나와 증인 선서를 해
주세요.

불가촉천민
인도에서는 불가촉천민을 '아추
트'라고 부릅니다. 아추트란 '만
져서는 안 되는'이라는 뜻으로 우
리나라에서는 불가촉천민이라고
표기합니다.

　　니다이가 천천히 증인석으로 걸어 나와 증인 선서를 마치자, 이대
로 변호사가 말했다.

이대로 변호사　　증인은 간단히 자기소개를 해 주세요.

니다이　　나는 변소를 청소하고 똥을 져다 버리는 사람이었습니다.
더러운 일을 하기 때문에 카스트 계급에도 속하지 못하는 천민이었
지요. 아버지, 할아버지, 그 위의 할아버지 때부터 우리는 계속 그 일
을 했습니다.

이대로 변호사　　보충 설명을 조금 하자면, 증인처럼 청소, 세탁, 이
발, 도살 등을 하는 이들을 '접촉할 수 없는 천민'이라는
뜻에서 불가촉천민이라고 불렀습니다.

김딴지 변호사　　그들은 노력하지 않았군요. 열심히 공부
해서 학자가 된다든지, 열심히 일해서 돈을 벌면 그 일을
하지 않을 수도 있잖아요.

니다이　　인도에서의 계급은 넘을 수 없는 거대한 산과

교과서에는

▶ 석가모니는 생전에 평등
정신을 몸소 보여 주었습니
다. 대표적인 예로 가장 낮은
계급인 수드라 출신의 이발
사를 수제자로 삼았습니다.

같은 것입니다. 우리는 어쩔 수 없이 대대로 내려온 일을 하게 됩니다. 대부분 불만을 품지 않지만 불만을 품어도 마찬가지이지요. 그래서 우리는 아주 어렸을 때부터 포기, 체념, 이런 것들을 먼저 배웁니다.

이대로 변호사   원고 측 변호인은 생각을 좀 하고, 상식을 먼저 익힌 다음에 이야기하세요. 자기 입장에서만 세상을 보니 실수를 하는 겁니다.

▶기원전 7세기경부터 갠지스 강 유역의 도시 국가가 영토 국가로 발전하면서 크샤트리아와 바이샤 계급의 세력이 강해졌습니다. 카스트 제도에 대해서는 재판 첫째 날에 이미 설명을 들으셨지요? 이들은 점차 브라만 중심의 사회에 반대하는 목소리를 내기 시작했습니다. 바로 이때 브라만교의 신분 차별에 반대하고 인간은 누구나 평등하다고 주장한 석가모니가 나타난 겁니다. 아시겠습니까?

이대로 변호사의 설명에 김딴지 변호사는 얼굴을 붉히며 머리를 긁적였다. 하지만 끝내 잘못했다고는 말하지 않았다.

교과서에는

▶ 고대 인도인들은 갠지스 강을 중심으로 여러 도시 국가를 건설했습니다. 그리고 철기 문화를 토대로 농경과 목축을 발전시켰습니다.

니다이   그날을 생각하면 아직도 꿈 같아요. 그분은 정말이지……. 내가 배우지 못해서 말주변이 없습니다. 이해하세요. 그날도 나는 똥통에 똥을 가득 채워 길을 지나고 있었어요. 넓은 도로에서 다른 계급을 만나면 욕을 먹기 때문에 좁은 골목으로 다녔지요. 그런데 내가 길의 중간

쯤 가는데 저쪽에서 석가모니와 그의 제자들이 오고 있지 뭡니까? 놀라서 어떻게 할까 허둥댔지요. 그러다 그만 똥통이 떨어져서 깨진 겁니다. 그 바람에 똥물이 석가모니에게도 튀었지요.

이대로 변호사　　정말 곤란한 상황이었겠군요. 그래서 증인은 어떻게 했습니까?

니다이　　'나는 이제 죽었구나' 하고 생각했습니다. 다른 사람이라면 그때 벌써 내 목이 달아났을 거예요. 그래서 석가모니에게 죽을 죄를 지었다며 빌었지요. 그런데 석가모니는 내게 이렇게 물었어요. "출가할 생각이 없는가?"

김딴지 변호사　　그건 석가모니가 당신을 놀리려던 게 아닐…….

　　김딴지 변호사는 이번에도 어김없이 딴죽을 걸려다가 판사가 한 번 째려보자 말꼬리를 흐렸다.

니다이　　나도 처음에는 그런 줄 알았지요. 그래서 "이렇게 더러운 제가 어떻게 출가를 합니까?" 하고 말했어요. 그랬더니 석가모니는…….

　　감정이 북받쳐 눈에 눈물이 그렁그렁 맺힌 니다이는 말을 잠시 멈추고 마음을 가다듬었다.

니다이　　석가모니는 내 손을 잡고 말했어요. "더러워진 몸은 씻으

면 깨끗해진다. 마음도 이와 같아서 꾸준히 닦으면 본래의 깨끗함을
되찾을 수 있다"라고요. 나는 그길로 부처를 따라 강으로 가서 몸을
깨끗이 씻은 뒤 출가했습니다.

　　니다이의 증언에 법정 전체가 숙연해졌다. 감동한 이들은 훌쩍거
리기도 했다. 이에 위기를 느낀 김딴지 변호사가 얼른 나섰다.

김딴지 변호사　　증언은 끝난 건가요? 뭐 그리 대단한 이야기도 아
니군요. 드라마나 영화에서 한 번쯤 본 장면 같은데요.
이대로 변호사　　판사님, 제가 여기서 얘기하고 싶은 것은 그 당시

인도 사회에서 계급 차별이 엄청나게 심했다는 점입니다. 그리고 그 것을 자연스럽게 깨 버린 이가 석가모니라는 거지요. 그는 인간의 마음을 보았어요. 겉모습이 더럽고 추하고는 아무런 상관이 없었지요.

김딴지 변호사   너무 그렇게 띄우지 말아요. 어쩌다 한 번 좋은 일을 했다고 그 사람이 늘 좋은 사람은 아니잖아요.

이대로 변호사   판사님, 원고 측 변호인에게 반론하기 위해 몇 사람의 예를 더 들고 싶은데 괜찮겠습니까?

판사가 고개를 끄덕이자, 이대로 변호사가 이야기를 시작했다.

이대로 변호사   당시 인도에서 여성은 가축과 비슷한 대접을 받았습니다. 여성을 남성의 부속품 정도로 생각했지요. 그래서 여성이 출가한 경우는 공식적으로 없었습니다. 그런데 석가모니의 이모이자 그를 친자식처럼 길러 준 마하파자파티가 출가하려고 자신의 시녀들을 데리고 석가모니를 찾아온 겁니다. 석가모니는 여러가지 어려움을 들어 세 번이나 거절했지만 결국에는 출가를 허락했지요. 당시에는 상상도 못할 일이었습니다.

김딴지 변호사   잠깐만요. 허락한 건 좋은데, 세 번이나 거절한 건 뭡니까? 자기는 허락하기 싫은데 주변에서 자꾸 간청하니 할 수 없이 했다는 거 아닙니까?

이대로 변호사   앞에서도 말했듯이 당시는 여성에 대한 존중이나 보호가 전혀 없던 시대였습니다. 출가 수행자란 밖에서 자고 남의 집을 돌아다니며 얻어먹어야 하는데 이런 점은 여성들이 감당하기에 너무나 어려움이 많았지요. 이제 이해가 됩니까, 김딴지 변호사?

김딴지 변호사　흠흠, 그래요. 더 할 이야기가 있으면 하세요.

이대로 변호사　석가모니의 제자 중에는 머리가 몹시 나쁜 사람도 있었습니다. 머리가 좋고 이해력이 빠른 이들만 깨달음에 이를 수 있다는 대개의 편견을 석가모니가 깼지요. 주리반특이라는 이는 머리가 너무 나빠서 다른 이들에게 구박을 받았습니다. 경을 외울 수도 없어서 늘 궂은일만 했지요. 함께 출가한 친형도 그를 무시할 정도였어요. 석가모니는 주리반특에게 청소를 시켰습니다. 그러면서 "먼지를 털자"라고 외우게 했지요. 주리반특은 다른 것은 하지 않고 부지런히 청소하면서 "먼지를 털자"라고 소리 내어 외웠습니다. 그러다 먼지가 곧 '마음의 번뇌'를 뜻한다는 것을 알고 깨달음에 이르렀지요.

김딴지 변호사　흠. 정말 별별 사람이 다 있었군요.

이대로 변호사　부처의 제자들은 참 다양했습니다. 부자도 있었고 여성도 있었고 불가촉천민에다 바보, 살인마 등……. 이것은 무얼 의미할까요? 그는 어떤 편견도 없었고 세상의 기준에 따르기보다 철저히 진리를 따랐다는 겁니다. 그런 그가 사리푸트라를 편애하고 데바닷타를 미워했다고요? 그건 말이 안 됩니다. 그렇지 않습니까, 판사님?

판사　그렇군요. 석가모니를 따른 제자에 대해 더 변론할 내용이 있습니까?

　왜 석가모니는 왕자의 자리를 버렸을까?

2

왕들도 석가모니를
따른 것이 사실일까?

이대로 변호사　　부처의 제자 중에는 힘없고 소외되어 의지할 곳이 필요한 이들이 많았습니다. 한편으로는 많은 왕이 석가모니를 지지하고 그를 스승으로 받들었지요. 신분이 낮은 이들부터 높은 사람까지, 석가모니는 고른 계층에서 존경을 받았습니다.

김딴지 변호사　　석가모니가 누더기를 입고 밥을 얻어먹고 살았으니 그와 비슷한 수준의 사람들이 따랐다는 것은 이해가 되지만, 왕들도 그를 존경했다고요? 흠, 글쎄요. 과연 그랬을까요?

이대로 변호사　　판사님! 원고와 원고 측 변호인은 참 많이도 닮았습니다. 도무지 사람 말을 믿지를 않아요. 증인을 통해 확인하는 수밖에 없을 것 같습니다. 아난을 다시 증인석에 불러 주실 것을 요청합니다.

판사가 고개를 끄덕이며 아난을 증인으로 부르자, 아난이 나와 증인석에 앉자마자 이대로 변호사가 다급하게 물었다.

이대로 변호사　　당시 왕들이 석가모니를 지지하고 따랐다는데 증인이 이를 확인해 주실 수 있습니까?

아난　　나는 이렇게 들었습니다. 당시 인도를 이루고 있던 수많은 나라 중에 마가다라는 곳이 있었습니다. 그곳에 빔비사라라는 왕이 있었는데, 그는 석가모니가 깨달음을 얻었을 때 죽림 동산에서 만나 가르침을 받은 최초의 왕이었지요. 그는 그 가르침을 기리기 위해 절을 지어 석가모니에게 기증했습니다. 이것이 바로 최초의 불교 사찰인 **죽림정사**입니다. 이후에 빔비사라 왕은 불교에 귀의하여 재가 신자가 되었지요.

마가다와 함께 강대국이었던 코살라는 프라세나짓이라는 왕이 다스리고 있었습니다. 프라세나짓이 불교 신자였는지는 정확히 모르겠지만, 그는 자주 석가모니를 방문하여 종교, 도덕, 정치 및 개인적인 문제에 관하여 의논하였지요. 그런 영향이 있었던지 프라세나짓 왕의 아들인 비두다바 왕은 불교의 재가 신자가 되었습니다.

김딴지 변호사　　그럼 당시의 모든 왕이 석가모니의 제자가 되었단 말입니까?

아난　　모든 왕이라고 할 수는 없습니다. ▶당시는 작은 나라들이 아주 많은 시대였거든요. 그 많은 나라 중 주로 큰 나라의 왕들이 석가모니 부처를 지지하거나 따랐습니다.

김딴지 변호사　　그래요? 제가 알기로는 강대국의 어떤 왕은 석가모니와 사이가 좋지 않았다고 하던데요?

　　김딴지 변호사는 원고석에 앉은 데바닷타에게 고개를 돌리고 큰 소리로 물었다.

김딴지 변호사　　당시 왕들 가운데 원고와 친한 사람은 없었나요?

데바닷타　　있었지요. 나와 절친한 왕이 있었습니다. 그 사람은 당시 가장 강대국이었던 마가다 왕국의 아자타샤트루 왕입니다. 아까 증언 중에 나온 빔비사라 왕의 아들이지요.

　　데바닷타의 증언에 김딴지 변호사가 의기양양한 얼굴로 다시 한번 물었다.

김딴지 변호사　　아, 석가모니에게 절을 지어 기증했던 빔비사라 왕의 아들이란 말이지요? 판사님, 아자타샤트루 왕을 증인으로 불러 주십시오.

　　판사가 고개를 끄덕이자 화려한 복장을 한 아자타샤트루가 천천히 걸어 나와 증인석에서 선서를 했다.

김딴지 변호사　증인은 석가모니 시대에 가장 강대국이었던 마가다의 왕이었다고요? 증인에 대해 데바닷타가 몹시 칭찬하더군요.

아자타샤트루　맞소. 기원전 6세기 무렵에 인도에서는 코살라와 마가다가 가장 강력한 왕국이었지요. 두 나라가 팽팽히 맞서다가 마가다가 코살라보다 더 강력한 국가가 된 때가 바로 나의 아버지인 빔비사라와 내가 왕으로 있을 때였지요.

김딴지 변호사　그렇게 대단한 위세를 떨친 증인이 원고인 데바닷타와 절친한 사이였다는 것도 사실입니까?

아자타샤트루　그렇소. 그는 내가 왕위에 오르는 데 큰 역할을 한 사람이오.

김딴지 변호사　증인이 보기에 원고는 어떤 사람이었습니까?

아자타샤트루　내가 왕자일 때 데바닷타를 처음 만났어요. 데바닷타는 똑똑하고 지략도 뛰어나고 신통력도 대단한 사람이었소.

김딴지 변호사　한마디로 훌륭한 사람이었군요?

아자타샤트루　글쎄요. 훌륭하다기보다 친하게 지내면 도움이 될 만한 사람이었지요.

이대로 변호사　판사님! 이의 있습니다. 원고 측 변호인은 장시간 자신의 의뢰인을 자랑하는 증언만 유도하고 있습니다.

판사　인정합니다. 원고 측 변호인, 그 외에 할 이야기가 없다면 피고 측 변호인에게 증인을 신문할 기회를 넘기도록 하세요. 피고 측 변호인, 신문하세요.

이대로 변호사　증인은 어떻게 왕위에 오르게 되었죠? 좀 안 좋은 소문이 있던데요.

아자타샤트루   어느 날 나를 찾아온 데바닷타가 여러 가지 신통력을 보여 주었지요. 나는 마음을 쏙 빼앗겼소이다. 친해지면 그가 나를 도울 수 있을 거라는 생각이 들었소. 그래서 우리는 급속도로 친해졌지요. 그리던 이느 날 그가 내게 "빔비사라 왕은 너무 건강해서 언제 죽을지 알 수가 없다. 하루빨리 왕위를 빼앗지 않는다면 아마도 당신은 죽을 때까지 왕 한번 해 보지 못할 것이다"라고 했습니다. 그 말은 상당히 일리가 있었어요.

이대로 변호사   왕위를 빼앗아야 한다는 말에 일리가 있다니, 무슨 의미죠?

아자타샤트루   아버지 빔비사라 왕은 워낙 건강하고 성격도 긍정적이어서 오래 살 것 같았소. 주위에서도 그렇게 말하는 것을 여러 번 들었고요. 내가 언제 왕위에 오를 수 있을지, 과연 왕위를 계승할 기회가 있기는 할지 모르겠다 싶었지요. 이런 내 마음을 읽은 데바닷타가 찾아와 솔깃한 제안을 한 거요.

이대로 변호사   그가 무슨 제안을 했나요?

아자타샤트루   "당신은 왕이 되고, 나는 석가모니 교단을 장악하자. 그러면 마가다에는 새로운 왕과 새로운 부처가 등장할 거다"라고 했어요.

아자타샤트루는 옛일이 떠올랐는지 표정이 몹시 괴로워 보였다. 이를 눈치챈 이대로 변호사가 슬그머니 질문을 던졌다.

이대로 변호사　증인의 표정을 보니 그 제안이 좋기만 했던 것은 아닌가 보군요.

아자타샤트루　아니오. 처음에는 그걸 느끼지 못했소. 욕심에 눈이 멀어 '나도 왕 한번 해 봐야지, 이대로 늙을 수는 없다' 싶었거든요. 그래서 그의 제안을 허락했지요. 그러고는 죄를 짓기 시작했소.

이대로 변호사　죄라고요? 어떤 죄 말입니까?

아자타샤트루　그건…….

　아자타샤트루는 얼굴이 흙빛으로 어두워지고 말을 잇지 못했다. 그러다 이내 고개를 떨어뜨리고 어깨를 들썩이며 흐느꼈다.

이대로 변호사　증인, 힘들면 꼭 얘기하지 않아도 됩니다. 판사님, 그 얘기는 증인이 진정한 후에 듣기로 하고 일단 돌려보내시지요.

　아자타샤트루는 고개를 숙인 채 한 손을 들어 들어가지 않겠다는 뜻을 전했다. 그는 숨을 크게 들이쉬며 진정하려고 애썼다.

아자타샤트루　후. 아니오. 이제 더 이상 숨기지 않으려 하오!

김딴지 변호사　아니 뭐, 그렇게 힘들어하면서까지 지난 일을 진술할 필요는 없습니다. 들어가서 쉬시는 것이…….

아자타샤트루　그렇게 생각하고 산 게 문제였소. 모든 일을 진지하게 생각하지 않고 행동한 것 말이오. 계속 그렇게 산다면 나는 영원히 멍청이가 될 겁니다.

이대로 변호사　　그럼 진정하시고 천천히 말씀해 주세요.

아자타샤트루　　그러지요. 나는 아버지를 지하 감옥에 가두었소. 먹을 것도 주지 않고 어머니를 제외하고는 누구도 면회를 못하게 했지요. 아무리 건강해도 먹지 못하면 죽을 테니까. 하지만…… 아버지는 쉽게 죽지 않았어요.

이대로 변호사　　증인이 모르는 일이 있었던가 보군요.

아자타샤트루　　그랬소. 어머니가 면회를 갈 때도 먹을 걸 가져가지 못하게 검사했지요. 그런데 어머니는 온몸에 꿀을 바르고 면회를 갔고, 아버지는 어머니의 몸에 발린 꿀을 먹으면서 생명을 이었던 거요. 그것을 알고 나는 어머니가 면회하러 가는 것도 금지했소. 그러자 곧 내가 바라던 대로…….

이대로 변호사　　빔비사라 왕이 죽었군요. 흠, 그렇게 해서 왕위에 올랐습니까? 그 모든 꾀는 데바닷타와 함께 꾸미고요?

아자타샤트루　　그런 셈이지요. 하지만 지금 와서 그를 탓하고 싶은 생각은 없소이다. 다 내가 결정한 일이니까.

김딴지 변호사　　결국 증인은 왕위에 올랐고 원고는 새 교단을 만들었으니, 둘이 힘을 합해 온 나라와 종교계를 지배하는 새로운 세계가 왔겠군요.

듣고 있던 김딴지 변호사가 끼어들어 증인에게 물었다.

아자타샤트루　　그게…… 우리도 그렇게 될 줄 알았지…….

김딴지 변호사　　그렇게 될 줄 알았다? 그럼 결국 그렇게 되지 않았다는 겁니까?

아자타샤트루　　내게 아들이 생기면서 문제가 달라졌소. 어찌나 예쁘고 사랑스러운지 왕위에 올랐을 때보다 더 기뻤소이다. 그래서 어느 날 어머니께 물어봤소. 돌아가신 아버지도 나를 이렇게 예뻐했는지 말이오. 그랬더니 어머니의 말이 아버지는 내가 상상할 수 없을 정도로 나를 사랑하고 아꼈다고 합디다. 순간 온몸에 힘이 빠졌지요. 망치로 머리를 맞은 것처럼.

김딴지 변호사　　그래서요? 그래서 어떻게 했습니까?

아자타샤트루　　날마다 아버지가 꿈에 나타나 가위눌리고 잠을 못 잤소. 너무 힘들었지요. 누군가의 도움이 필요했소. 그래서 아버지가 그렇게 존경하던 석가모니를 찾아갔어요.

김딴지 변호사　　그럼 이번엔 왕께서 원고를 배신한 겁니까?

이대로 변호사　　김딴지 변호사, 그만 좀 하시죠! 그놈의 배신 타령.

김딴지 변호사　　지금은 제가 질문하고 있으니 피고 측 변호인은 잠시 빠져 주시지요.

　　판사가 손을 들어 김딴지 변호사에게 계속 진행하라고 손짓했다.

아자타샤트루　　석가모니와 많은 이야기를 나누고 나는 내 잘못을 깨달았소. 참회를 많이 했지요. 그 후로는 좋은 왕이 되려고 노력했소.

김딴지 변호사   그럼 또 원고는 배신을 당하고 고통스러워했겠군요.

이대로 변호사   판사님, 원고 측 변호인은 더 이상 질문할 게 없는
것 같습니다. 이제 제가 질문해도 되겠습니까?

이대로 변호사가 묻자, 판사가 고개를 끄덕였다.

이대로 변호사   석가모니는 증인의 아버지인 빔비사라 왕과 아주

친했는데, 증인이 아버지를 죽였다는 걸 알았나요?

아자타샤트루   그렇소. 나쁜 소문은 금세 퍼지게 마련이지. 아무리 막으려고 해도 말이오.

이대로 변호사   아버지를 죽인 증인이 석가모니를 찾았을 때 그는 증인을 어떻게 대했나요?

아자타샤트루   놀랍게도 석가모니는 나를 따뜻하게 대해 주었소. 내가 괴로움을 호소하자 나의 마음을 어루만져 주었지요. 잘못을 뉘우치면 마음이 편해진다는 이야기도 해 주었소. 나는 깊이 반성했고 이후로는 잠도 잘 잤어요. 비로소 국가도 평화롭게 다스릴 수 있게 되었소.

이대로 변호사   불행 중 다행이군요. 증인이 계속 괴로움을 느꼈다면 나라의 백성들도 아주 힘든 삶을 살았을 테니까요.

아자타샤트루   모두 석가모니 부처의 덕이오.

이대로 변호사   증인이 그런 일을 겪는 사이에 데바닷타에게는 무슨 일이 있었나요?

아자타샤트루   그는 석가모니에게 교단을 넘겨 달라고 했는데 뜻대로 되지 않자 자신의 교단을 따로 만들었소. 나는 옛정 때문에 그에게 필요한 식량과 옷 등을 넘치도록 지원했지요. 그러나 데바닷타는 자신이 원하는 대로 되지 않자 석가모니를 죽이려고 했소. 으음, 자세한 이야기는 하고 싶지 않군요. 이미 지난 일이고, 우리는 그에 대한 벌도 충분히 받았으니 말이오.

이대로 변호사   벌을 받았다고요? 어떤 벌이지요?

아자타샤트루　나는 결국 내 아버지처럼 몹시 사랑한 내 아들에 의해 죽었소. 데바닷타는 석가모니를 독살하려다가 그 독 때문에 죽었고요. 자신의 행위나 마음에 따라 모든 일이 일어난다는 부처의 말을 좀 더 일찍 알았다면⋯⋯. 이제 이런 말은 그만하고 싶구려.

이대로 변호사　알겠습니다. 석가모니가 죽고 난 후에도 그를 따르던 왕들이 있었습니다. 이번에는 이에 대해 알아보지요. 아쇼카 왕을 증인으로 모시겠습니다. 아쇼카 왕을 모르는 사람은 별로 없겠지만, 그래도 증인은 간단히 자신을 소개해 주세요.

아쇼카　나는 석가모니가 돌아가시고 200년 후에 세워진 마우리아 왕조의 3대 왕이었소. 나의 아버지인 빈두사라 왕에게는 여러 왕자가 있었지요. 내가 다른 형제보다 뛰어났기 때문에 맏형은 나를 경계하여 수차례 죽이려 했소. 그래서 나를 항상 전쟁터로 내몰았지요. 하지만 오히려 그 덕에 나는 많은 전쟁에서 승리한 영웅이 되었소. 그리고 아버지가 돌아가신 후, 나를 죽이려던 형과 동생들을 죽이고 왕위에 올랐소이다.

이대로 변호사　물론 우리나라도 고대의 역사를 보면 왕권을 차지하려고 형제끼리 죽이는 일이 많았지만, 실제로 그런 인물을 만나니 좀⋯⋯.

아쇼카　내가 한 행동이 옳다는 것은 아니오. 살기 위해 다른 방법이 없었다고나 할까? 게다가 나는 몹시 왕이 되고 싶었소. 석가모니는 왕위를 버렸는데 나는 왕위에 오르기 위해 형제들을 죽였으니 그런 점에서는 할 말이 없소이다. 하지만 사람마다 할 수 있는 일이 다

다르다고 생각하오.

이대로 변호사   그럼 어쩌다 석가모니의 가르침을 받아들이게 되었습니까?

아쇼카   내가 왕위에 올라 처음으로 한 일은 영토를 넓히는 일이었소. 이건 나만의 과제가 아니라 그 시대에 살았던 왕들, 특히 작은 나라들을 여럿 통일하여 큰 나라의 왕이 된 자들은 꼭 해야 할 일이었지요. 그러다 보니 참 많은 악행을 저질렀소.

이대로 변호사   악행이오? 어떤 나쁜 일을 했는지 말씀해 주실 수 있습니까?

아쇼카   ▶전쟁을 치르는 과정에서 우리나라 군대가 몰살당하기도 했고, 우리가 다른 나라의 선량한 백성을 죽이기도 했지요. 마지막에 칼링가 지역을 정복할 때는 정말 끔찍한 일들이 많았소이다. 15만 명 이상이 다치거나 죽었소. 그런데 막상 통일을 달성하고 보니 이런 일들이 정말 슬프더군. 예전부터 나의 어머니가 석가모니 부처의 가르침을 열심히 따랐는데, 그 순간 석가모니의 가르침이 가슴에 와 닿은 거요.

이대로 변호사   그래서 어떻게 했습니까?

아쇼카   그 후 사냥하거나 살생하지 않으려고 노력했소. 그리고 사람을 죽이면서 주변 국가들을 정복하는 걸 멈추었지요.

이대로 변호사   평화의 시대를 맞이했겠군요.

아쇼카   그랬지요.

교과서에는

▶ 아쇼카 왕은 칼링가 왕국을 정복함으로써 마우리아 왕조의 전성기를 맞이했습니다. 그는 전쟁의 참혹함을 목격한 후 적극적으로 불교를 장려했는데요. 경전을 정리하고 주변 나라에 불교를 포교하기도 했습니다.

이대로 변호사   흠…… 그런데 마음이 아팠고, 그때 불교가 생각나서 믿었다? 이건 뭔가 너무 단순한데요.

아쇼카   다른 이유도 있어요. 거대한 통일 국가를 통치하기란 쉬운 일이 아니오. 지역도 다르고, 언어도 다르고, 계급도 다른 사람들이 같은 나라의 백성이 되었으니까. 계급과 차별을 중요시하는 브라만교로는 그런 다양한 백성을 다스리기 어려웠소이다. 그런데 만약 드러내고 계급의 평등을 주장하면 높은 계급에서 반발이 클 것이 뻔했지요. 그래서 우회적으로 평등의 종교인 불교를 택한 것이오.

석가모니를 기리기 위해 아쇼카 왕이 룸비니에 세운 석주

이대로 변호사   그래서 원하는 것을 얻었나요?

아쇼카   그렇소. 석가모니의 가르침을 따르니 무력을 동원하지 않고도 백성들이 잘 따랐지요. ▶나는 여기저기 석가모니와 관련된 곳들을 순례하고, 관련된 기념물들을 세우기도 했소. 덕분에 나의 이름이 교과서를 비롯한 역사책에도 남게 되었고요. 보통 나를 아쇼카 대왕이라고 부르지요.

김딴지 변호사   허허, 이것 참. 형제를 죽이고 전쟁을 일으켜 백성도 많이 죽였는데 위대한 인물이라니. 이건 뭐 참회만 하면 역사에 남는 건가?

아쇼카   글쎄올시다. 참회만 하면 된다는 건 아니오. 참회는 새로운 일을 시작하는 출발선이니까. 출발선에 서 있기만 해서는 목표 지점에 못 미치는 거요. 나는 참회한 뒤 석가모니의 가르침에 따라 살려고 많은 노력을 했소. 그 덕분에 위인 소리를 듣게 된 거요.

판사   아쇼카 왕의 증언을 잘 들었습니다. 증인은 돌아가도 좋습니다.

교과서에는

▶ 아쇼카 왕은 법령과 조칙을 새긴 돌기둥을 인도 각지에 세웠습니다. 돌기둥에는 왕의 권위를 상징하는 사자와 불법을 상징하는 수레바퀴를 조각했습니다.

3

석가모니는 정말 죽었을까?

이대로 변호사　　그럼 이번에는 석가모니의 죽음에 대해 따져 보겠습니다. 원고인 데바닷타에게 묻지요. 원고는 정말 석가모니를 죽이려고 했나요?

데바닷타　　그게 그러니까…… 처음부터 죽이려 했던 건 아니오. 교단의 지도자로 나를 임명해 달라고 요구한 것뿐이지요. 그런데 석가모니가 허락을 안 해 줬어요.

이대로 변호사　　하하, 당연하죠. 누가 원고에게 교단을 이끌라고 넘겨주겠습니까? 나라도 안 줬겠네요.

김딴지 변호사　　판사님, 이의 있습니다! 피고 측 변호인은 원고를 모독하는 발언을 했습니다.

판사　　인정합니다. 피고 측 변호인은 인격을 모독하는 표현을 삼

가기 바랍니다.

이대로 변호사   알겠습니다, 판사님. 그럼 질문을 바꾸지요. 석가모니 교단을 원고가 이끌겠다고 요구하자 석가모니가 어떤 대답을 했습니까?

데바닷타   석가모니는 "사리푸트라와 목갈라나가 나를 도와 교단을 이끌고 있지만 그들에게도 절대적인 지배권을 주지는 않았다. 그런데 어찌 너에게 그걸 주겠느냐"라고 하더군요.

이대로 변호사   허, 그럼 단지 그런 이유로 석가모니를 죽이려 했습니까?

김딴지 변호사   판사님, 이의 있습니다. 피고 측 변호인은 원고에게 설명할 기회도 주지 않고 결론만 이끌어 내려 하고 있습니다.

판사   인정합니다. 피고 측 변호인은 원고를 다그치듯이 신문하지 마세요. 원고는 자신에게 불리한 질문에는 대답하지 않을 수 있습니다.

이대로 변호사   그럼 다시 질문하죠. 부처가 교단의 지도권을 넘겨주지 않자 원고는 어떻게 했습니까?

데바닷타   여러 차례 경고했소. 처음에는 산에서 바위를 굴려 떨어뜨렸는데 석가모니는 발가락만 조금 다쳤어요. 그다음에는 아자타샤트루 왕의 허락을 얻어 나라에서 가장 포악한 코끼리를 석가모니가 있는 쪽으로 몰아갔지요. 많은 사람이 코끼리에게 밟혀 죽었는데 석가모니에게는 그것도 통하지 않았습니다. 코끼리가 석가모니 앞에서 무릎을 꿇고 그의 이야기를 듣더군요. 믿을 수 없는 일이지만 사실입니다. 석가모니가 "나쁜 짓을 하면 앞으로도 계속 짐승으로 살 수밖에 없으니, 이제 사람들을 해치지 마라"라고 타이르니, 코끼리가 그 뒤로도 계속 얌전하게 굴더군요.

이대로 변호사　　그럼 석가모니를 죽이려는 계획을 완전히 포기했겠군요?

데바닷타　　그러려고 했소.

이대로 변호사　　그랬으면 그런 거지, 그러려고 한 건 또 뭡니까?

데바닷타　　포기하고 사과를 하러 갔다니까요. 그런데 석가모니는 내가 사과를 해도 아무런 대꾸도 안 하더군요. 그러니 화가 날 수밖에 없었소.

이대로 변호사　　화가 났다…… 그래서요? 화가 나서 어떻게 했다는 겁니까?

데바닷타　　손톱으로 석가모니를 할퀴려 했습니다.

이대로 변호사　　아니, 무슨 어린애들 싸움입니까? 화가 난다고 손톱으로 할퀴게요?

　　이대로 변호사의 질문에 데바닷타는 얼른 대답하지 못하고 우물쭈물했다. 이대로 변호사가 눈빛으로 데바닷타를 힐난하자 김딴지 변호사가 데바닷타를 거들고 나섰다.

김딴지 변호사　　판사님, 원고가 대답하기 힘들어합니다.

판사　　원고는 묵비권을 행사할 수 있습니다. 그러나 재판 진행상 중요한 부분이니 가능하면 듣고 싶군요.

육사외도

석가모니가 살던 때에 중부 인도에는 불교 외에도 여러 사상이 있었습니다. 그중 가장 세력이 컸던 여섯 명의 사상가를 육사외도라고 하시오.

데바닷타　　그게…… 손톱으로 할퀴려던 이유는…… 손톱 밑에 독약을 숨기고 있어서…….

이대로 변호사　　손톱 밑에 독약을요? 사과하러 가면서 손톱 밑에 독약을 숨기고 갔단 말입니까? 제대로 사과하러 온 것이 아니라는 것을 석가모니도 알았겠군요. 그래서 원고의 말을 들은 체도 안 한 거고요.

데바닷타　　하지만 독이 든 손톱으로 석가모니를 할퀴려다 실패하는 바람에, 도리어 나한테 독이 퍼졌소. 그래서 내가 죽었지요.

이대로 변호사　　쯧쯧. 이게 바로 제 꾀에 제가 넘어간다는 거로군요. 신문은 이것으로 끝입니다.

판사　　원고 측 변호인, 원고에게 더 질문할 것이 있습니까?

김딴지 변호사　　판사님, 원고에게 더 질문할 것은 없습니다만…… 제 의뢰인이 석가모니를 살해할 결심을 도운 이가 있다고 합니다. 푸라나 카사파를 증인으로 불러 주십시오. 푸라나 카사파는 좀 전에 증인으로 나왔던 산자야와 마찬가지로 육사외도 중 한 명입니다.

　　푸라나 카사파가 증인석으로 나와 증인 선서를 하고 김딴지 변호사를 바라봤다.

김딴지 변호사　　증인은 원고인 데바닷타 씨를 잘 알지요? 어떻게 알게 되었습니까?

푸라나 카사파　　데바닷타가 어느 날 나를 찾아와 고민을 털어놓았

지요. 석가모니가 사리푸트라만 인정하고 자신은 무시하는 게 화가
나서 죽이고 싶다고 말했소. 하지만 석가모니를 살해하면 엄청나게
무서운 과보를 받게 될까 봐 두렵다고 하더군요.

김딴지 변호사　　그래서 증인은 뭐라고 충고했습니까?

푸라나 카사파　　과보요? 그런 게 어디 있소? 눈에 보이는 것이 전부
이지요. 데바닷타의 손톱 밑에 있던 독이 석가모니에게로 옮겨졌다

고 해서 그게 무슨 죄입니까? 여기 있던 볼펜을 김딴지 변호사의 책상에 가져다 두는 것이 죄입니까? 아니지요. 같은 이치가 아니겠소?

　의외의 대답에 김딴지 변호사가 깜짝 놀라 물었다.

김딴지 변호사　뭐라고요? 하핫, 그게 말이 되는 소리입니까?
푸라나 카사파　왜 말이 안 된다는 거요? 좋은 것이다, 나쁜 것이다라고 나눠 놓고 머리 아플 필요가 있습니까? 하고 싶으면 하는 거요. 말이 된다, 안 된다는 누가 정하는 거지요? 다들 각자 마음대로 된다 안 된다, 선행이다 악행이다 하는 거 아니겠소?
김딴지 변호사　증인의 말을 듣고 원고는 석가모니를 살해하는 것이 죄라는 생각을 벗고 실행에 옮긴 거군요?
푸라나 카사파　글쎄, 실행을 하고 말고는 그 친구 사정이고. 나는 내 생각을 말했을 뿐이오.

　김딴지 변호사는 도덕이라는 개념을 완전히 부정하는 듯한 푸라나 카사파의 대답을 듣고 고개를 절레절레 흔들었다.

김딴지 변호사　판사님, 제가 증인을 잘못 신청한 것 같습니다. 이만 마치겠습니다.

　김딴지 변호사는 "어째 우리 측 증인들은 당최 도움이 안 돼요, 도움이!"라고 혼자 중얼거리다가 헛기침을 했다.

김딴지 변호사   판사님! 원고가 손톱에 독을 숨기고 가긴 했지만 어찌 됐건 석가모니를 죽이지는 않았어요. 석가모니가 죽을 때 곁에 있던 아난을 다시 증인으로 불러 석가모니의 죽음에 대해 들어야 한다고 생각합니다.

판사   그러지요. 아난은 증인석으로 나와 주세요.

    마음이 급해진 김딴지 변호사는 아난이 증인석으로 나오자마자 얼른 질문을 던졌다.

김딴지 변호사   증인, 석가모니는 언제 어떻게 죽은 겁니까?

아난   석가모니가 어느 날 제자들을 이끌고 한 마을에 갔는데, 그곳은 흉년으로 먹을 것이 모자라 수행자들이 탁발하기 어려웠소. 석가모니는 제자들에게는 다른 곳으로 가라고 하고 나와 둘만이 그곳에서 지냈지요. 석가모니는 이미 여든 살로 연로한 나이였어요. 환경이 좋지 않은 그곳에서의 생활은 힘이 들었소. 그러다 석가모니는 그만 병에 걸리고 말았지요. 나에게 자신의 죽음이 멀지 않았음을 얘기하며 몇 가지를 당부하셨소. 그러던 중 석가모니는 춘다라는 대장장이의 대접을 받았는데 하필 그 음식이 상한 거요. 그래서 탈이 났지요. 물론 석가모니는 상한 음식이라는 걸 알고도 드셨지만요.

김딴지 변호사   세상에, 자기가 죽을 줄 알면서도 상한 음식을 먹는 사람이 어디 있습니까? 왜 거짓말을 하세요?

아난　석가모니는 제자들에게는 그 음식을 먹지 못하게 했소. 음식에 욕심이 없는 분이 왜 다른 사람에게 먹지 말라고 했겠습니까? 석가모니는 이미 당신의 죽음이 얼마 남지 않았음을 알았기 때문에 피하지 않은 것뿐이오. 음식을 대접한 춘다의 마음을 생각해서 음식을 다 드셨지요.

김딴지 변호사　그런 순간에 음식을 대접한 사람의 마음까지 생각했다는 것도 못 믿겠군요.

아난　김딴지 변호사가 못 믿는다 해도 석가모니는 그런 분이었소. 석가모니가 심하게 아프신 것을 보고 내가 "춘다의 집에서 괜히 음식을 드시게 했다"고 춘다를 탓했을 때, 석가모니는 내 말을 막았어요. 그러고는 "깨달음을 처음 얻었을 때 공양한 사람과 마지막 죽기 전에 공양한 사람은 복을 받을 것이다"라고 했습니다. 수자타와 춘다를 이야기한 거지요. 그 자리에 있던 제자들은 부처의 넓은 마음에 감동하여 북받치는 눈물을 겨우 참고 있었소.

이대로 변호사　그런 분은 마지막을 어떻게 보내는지 많은 이가 궁금해할 겁니다. 시간이 좀 걸리더라도 석가모니 부처가 죽기 직전의 이야기를 좀 더 들었으면 좋겠습니다.

판사　저도 궁금합니다. 증인은 계속하시지요.

아난　석가모니는 열반에 들기 전에……

이때 김딴지 변호사가 나서며 아난의 말을 끊었다.

김딴지 변호사　　거참, 열반이라니…… 어려운 말 좀 쓰지 마세요. 어려운 말을 쓰면 더 멋지게 보일 거라고 생각하는 거요? 아니면 못 알아듣게 해서 피고한테 이롭게 하려는 건가요?

이대로 변호사　　어허, 무슨 말을 그렇게 하십니까? 아무 때나, 누구한테나 딴죽을 거니 원……. 김딴지 변호사의 인격이…….

아난　　아니, 내가 미안합니다. 불교에는 좀 특별한 말들이 있어서 그렇소. 조금 쉽게 설명하면 이런 겁니다. "먹고 바로 자면 다음 생에 소로 태어난다"라거나 "전생에 뭐였기에 그렇게 게으르냐"라는 말을 종종 하지요? 이 말은 태어나고 죽고 다시 태어난다는 윤회에 뜻을 두고 하는 말입니다. 깨달은 이는 죽으면 다시 태어나지 않습니다. 태어나는 것 자체가 고통이기 때문에, 고통에서 벗어나려면 태어나지 않아야 하지요. 그걸 열반이라고 합니다.

　　아난의 설명을 들은 김딴지 변호사는 아직도 못마땅했지만 딱히 딴죽을 걸 부분을 찾지 못해 고개만 끄덕였다.

김딴지 변호사　　알았어요. 계속하세요.

아난　　석가모니는 쿠시나가라 지역의 사라나무 숲에 자리를 마련하고 누웠습니다. 그때 그 지방의 수행자인 수바드라가 찾아와 석가모니를 만나길 원했지요. 다른 종교를 믿던 그는 이미 100살이 넘은 노인이었소. 하지만 아직 풀지 못한 평생의 의문을 해결하기 위해 석가모니를 찾아왔지요. 하지만 때가 좋지 않았어요. 내가 그를 막

고 "부처님이 곧 열반에 드실 것이라 만날 수 없다"고 했는데, 석가
모니는 내게 "마지막 제자가 오는 것을 막지 말아라"라고 하셨지요.

이대로 변호사　　　죽음이 가까워진 순간에, 그것도 다른 종교를 믿던
이를 기꺼이 맞다니! 역시 석가모니 부처답군요. 그래서 어떻게 되
었습니까?

아난　　석가모니는 여덟 가지 성스러운 길인 팔정도를 이야기하며,
그것을 닦으면 깨달음을 얻을 수 있다고 했소. 수바드라는 이 말을

들고 단박에 깨달음을 얻었지요. 그가 석가모니의 제자가
되길 원하자 석가모니는 허락했습니다.

이대로 변호사　마지막까지 목마른 이에게 물을 주고 떠
났군요. 자신도 힘들었을 텐데요.

아난　석가모니는 마지막으로 나와 자신의 아들인 라훌
라를 위로하고 "자기 자신을 등불로 삼고, 내가 가르친 말
을 등불로 삼아 부지런히 수행하라"는 말을 남기셨습니다.
다른 사람에게 의지하지 말고, 다른 것에 의지하지 말라는
말이었지요.

이대로 변호사　증인의 말씀 잘 들었습니다. 죽은 사람의 영혼은 전
부 여기 역사공화국에 와 있는데 이곳에 석가모니가 없는 이유를 이
제 잘 알겠습니다. 그가 열반에 들었기 때문이지요?

아난　그렇지요. 바로 그런 이유로 후대 사람들은 석가모니를 다시
만나지 못하고, 그분이 하신 말씀을 담은 경전을 보며 수행하는 거지요.

김딴지 변호사　그래도 몸이 있던 상태에서 돌아가셨으니 무덤은
남아 있을 것이 아닙니까?

아난　우리가 살던 나라는 인도입니다. 인도에서는 사람이 죽으면
시신을 불에 태우는 화장을 하지요. 석가모니의 시신도 화장을 했습
니다. 불에 태운 후 남은 유골을 사리라고 하는데, 이 사리를 여덟 나
라의 왕이 나눠 가졌습니다. 탑을 세우고 그 안에 사리를 넣어 석가
모니 부처를 존경하는 뜻을 담았지요. 지금도 여러 나라에 석가모니
의 사리를 모신 탑이 있습니다. 그 탑이 있는 곳을 **적멸보궁**이라고

적멸보궁
부처의 진신(眞身) 사리를 모신
보배로운 곳이란 뜻이에요. 절
에 가면 대부분 불상이 있지만,
불상은 없고 법당 뒤편에 사리탑
이 있는 절도 있답니다. 이 탑에
석가모니의 진신 사리를 모셔 둔
것인데, 이런 곳을 적멸보궁이라
고 하지요. 우리나라에는 5대 적
멸보궁이 있습니다. 양산 통도
사, 설악산 봉정암, 오대산 상원
사, 사자산 법흥사, 태백산 정암
사입니다.

하지요.

판사   양측 변호인은 남은 질문이 있으면 하세요.

김딴지 변호사   없습니다.

이대로 변호사   없습니다.

판사   그러면 이것으로 재판을 마치겠습니다. 잠시 휴정한 후에 원고와 피고의 최후 진술을 듣기로 하지요.

다알지 기자

　　저는 지금 데바닷타 대 사리푸트라의 마지막 재판 현장에 나와 있습니다. 오늘도 원고 측과 피고 측 간에 팽팽한 설전이 벌어졌는데요. 양측 변호인을 만나 볼까요? 먼저 온 세상에 딴지를 걸겠다고 천명한 원고 측 김딴지 변호사님부터 한말씀 부탁드립니다.

김딴지 변호사

　오늘 재판을 하면서 석가모니와 피고 사리푸트라는 깨달은 자들이 아닐지도 모른다는 의문이 더 커졌어요. 깨달은 자들이 남을 아프게 하겠습니까? 석가모니가 동료들을 배신하고 고행을 그만둔 것처럼, 사리푸트라도 스승인 산자야를 배신했습니다. 게다가 멀쩡히 있는 산자야의 다른 제자들과 데바닷타 교단의 제자들까지 가로챘지요. 왜 산자야를 떠난 사리푸트라는 배신했다고 이야기하지 않으면서 원고 데바닷타만 배신자라고 비난합니까? 게다가 석가모니는 원고의 사과를 받아 주지도 않았어요. 어찌 됐든 원고가 석가모니를 죽이지도 않았고요.

이대로 변호사

　피고가 산자야를 떠나고 그곳의 제자들을 이끌어 석가모니에게로 간 것은 그들이 모두 올바른 진리를 구하려는 사람들이었기 때문입니다. 증인으로 나온 산자야는 사리푸트라가 자신을 배신한 게 억울해서 죽은 건 아니라고 말했지요. 모두 때가 있다고 말한 것이 인상적이었습니다. 그리고 원고 데바닷타는 석가모니가 해탈하고 따르는 무리가 많아지니 그 모습이 멋있어 보여서 자신도 출가한 것일 뿐입니다. 출발부터 달랐지요. 그런데 뭐가 불공평하다고 불만일까요? 능력도 안 되면서 자신을 지도자로 지목해 달라고 부탁한 것도 모자라, 그걸 타일렀더니 원한을 품었잖아요. 도대체 수행을 어떻게 했기에 자신이 품은 원한도 제대로 다스리지 못한 걸까요? 참으로 의문스럽습니다.

석가모니 때문에 나의 악행이 시작됐소
vs
데바닷타는 자신의 부족함을 모르고 어리석었어요

판사 이제 피고와 원고의 최후 진술을 듣겠습니다. 지금이 피고와 원고가 발언할 수 있는 마지막 기회입니다. 지금까지의 재판 내용과 함께 마지막 진술을 근거로 배심원들의 판결서가 작성될 것이고, 그것을 참고하여 내가 판결할 것입니다. 원고와 피고는 마지막으로 자신의 입장을 충분히 진술하기 바랍니다. 그럼 원고인 데바닷타부터 변론하세요.

데바닷타 지금까지 내가 억울했던 이야기를 많이 했습니다만, 마지막으로 두 가지 더 말할 것이 있습니다. 석가모니에게는 많은 제자가 있었고 그 가운데 나를 비롯한 석가족 출신의 제자도 많았다는 것은 이미 말씀드렸지요? 그런데 그 많은 석가족 출신의 제자들을 제쳐 두고 석가모니는 사리푸트라와 목갈라나만 총애했습니다.

그래서 나뿐만 아니라 석가족 출신의 여러 제자들이 불평했지요. 그래서 내가 석가모니를 떠나 새로운 교단을 만들었을 때 많은 석가족 출신의 제자들이 내 교단으로 옮겨 왔지요. 그 후에도 석가족 출신의 제자들이 끊임없이 불평했지만, 석가모니는 여전히 사리푸트라가 세일 지혜롭다고 칭찬했습니다. 이게 공평한 저사입니까?

그러던 어느 날, 사리푸트라와 목갈라나가 나란히 내 교단으로 왔습니다. 나는 썩 반갑지는 않았지만 석가모니 교단에서 제일가는 제자들이 내 교단으로 왔으니 뭐 어쩝니까? 깍듯이 모시고 환영할 수밖에요. 그런데 이건 또 뭡니까? 두 사람이 온 이유는 내 교단에 있는 사람들을 설득해 데려가려던 것이었어요.

둘은 공중에 떠서 몸을 숨기거나 반만 드러내는 등 신통력을 선보였지요. 몸에서 연기와 불을 내뿜기도 하고 갖가지 신통력을 보이면서 석가모니의 말씀을 전했습니다. 그러자 내 교단에 있던 수행자들이 놀라워하며 그들을 따라 석가모니에게로 가 버렸지요. 나는 당시 신통력이 다해 그런 것에 대적할 능력이 없었어요. 그래서 그냥 바라 보고 있어야 했지요.

내가 이미 말한 바 있지만, 사리푸트라는 배신에 배신을 거듭한 자입니다. 스승인 산자야를 배신했고, 내 교단에 와서도 나를 배신하고 사람들을 이끌고 석가모니에게로 갔어요. 상황이 이러하니 내가 화가 안 나겠소?

석가모니는 인연법을 말했습니다. '이것이 있으므로, 저것이 있다'고 설명했지요. 그럼 내가 석가모니를 해치려 했던 인연은 어디서 온 것입니까? 지혜도 있고 신통력도 있고, 사리푸트라와 목갈라나를 합친 능력을 지녔던 나를 제쳐 두고, 석가족 출신도 아닌 사리푸트라와 목갈라나만 총애한 석가모니 때문에 나의 악행이 시작된 것이 아니겠소? 또 사리푸트라가 내 교단에서 500명이나 데리고 가 버렸으니 화가 나서 석가모니를 죽이려 한 것이 아닙니까? 왜 이것은 인연법으로 설명하지 않고 나만 악인 취급합니까? 나는 정말 억울하오. 판사가 훼손된 내 명예를 찾아 주고, 정신적인 피해를 보상할 수 있는 판결을 내려 주기를 간곡히 바랍니다.

사리푸트라　　오늘 이곳은 내게 참으로 의미 있는 자리입니다. 데바닷타가 먼저 소송을 걸어 내가 비록 피고석에 앉았지만, 석가모니 부처를 대신하여 이 자리에 있다는 것 자체가 나에게는 무척이나 영광입니다.

내가 잘나서 석가모니가 나를 총애하고 데바닷타를 외면한 것은 아니오. 석가모니 부처는 어느 제자도 소홀히 대한 적이 없습니다. 그러나 데바닷타에게는 칭찬 한 번 하지 않은 것이 사실이지요. 왜 그랬겠습니까?

석가모니가 세상에 태어나면서 외친 말은 "세상이 고통으로 가득 차 있으니 내가 세상을 평안케 하리라"입니다. 그 말처럼 석가모니는 세상을 평안케 하기 위해 왕자의 자리를 버렸지요. 왕궁을 떠나 고행을 거듭하며 세상의 고통을 그대로 맛보았습니다. 그리고 그분은 자신이 깨달은 것을 우리에게도 알려 주기 위해 가르침을 펴고 교단을 만들었습니다.

왜 석가모니는 왕자의 자리를 버렸을까?

그런데 데바닷타는 그런 교단을 자신의 영웅심과 욕심으로 장악하려 했어요. 자신도 왕자였고 석가모니도 왕자였으며, 둘 다 왕자의 자리를 버렸으니 자신도 부처와 다름없다고 생각한 거지요. 석가모니가 데바닷타를 칭찬하지 않은 것은 그가 더 우쭐대며 수행을 망칠까 염려한 것이지 그를 미워해서가 아니었습니다.

또 하나, 데바닷타는 인연법을 들어 자신이 악행을 저지른 것은 석가모니가 차별했기 때문이라고 말하는데, 이것 역시 그가 석가모니의 가르침을 잘못 이해하고 있기 때문에 하는 말입니다. 석가모니는 어떠한 차별도 한 적이 없습니다. 그분의 눈에는 지체 높은 빔비사라 왕이나 똥지게꾼인 니다이나 다 같이 존귀한 인간이었습니다. 머리 좋은 여러 제자가 있었지만 머리가 나빠서 바보라고 손가락질받던 주리반특도 부처에게 소중한 제자였기 때문에, 그가 깨닫도록 도운 것입니다. 인간뿐만이 아닙니다. 석가모니의 눈에는 짐승도 물고기도 그랬습니다. 생명이 있는 모든 것은 다 고통받기를 싫어하기 때문에 그들을 괴롭히거나 죽이면 안 된다고 말했어요. 이런 분이 데바닷타만 차별했다고요? 여러분은 그게 믿어집니까?

데바닷타는 자신의 부족함을 모르고 어리석었습니다. 그로 인해 석가모니를 살해하려는 악행을 저지르고도 인연법을 들이대며 억지를 부리고 있습니다. 부처가 가르친 인연법이란 누굴 탓하라고 있는 법이 아닙니다. 다시 말해 너 때문에 내가 이런 행동을 했다고 변명하는 데 써먹으라는 말이 아니지요. 자신의 행동과 생각에서 원인을 찾지 않고 바깥에서 찾아서는 안 됩니다. 결국 데바닷타는 석가모니의 가르침을 제대로 이해하지 못했기 때문에 2500년 전에도 악행을 저질렀고 지금도 이런 소송을 제기한 것입니다.

석가모니는 자신을 죽이려다 오히려 그 독에 죽어 가는 데바닷타에게 "지금의 나쁜 행동으로 지옥에 가겠지만, 오랜 시간이 지나면 다시 수행자가 되어 큰 깨달음을 얻을 것이다"라고 말했습니다. 끝까지 그를 걱정하고 희망을 준 것이지요.

그래서 비록 패자의 마을이기는 하지만 그가 지금 역사공화국에 있는 것이 아니겠소? 그럼에도 데바닷타의 마음은 아직도 지옥에서 헤매고 있습니다. 아직도 억울하다고 생각하니 말입니다. 그러나 나는 확신하오. 데바닷타가 언젠가는 열심히 수행하는 수행자가 될 것이라고 말이오. 석가모니가 왜 왕자의 자리를 버렸는지 제대로 알게 되는 날 우리와 같은 마을에 살게 될 것임을 말입니다. 이상으로 진술을 마지겠소.

판사   지금까지 이번 재판과 관련된 사람들의 증언을 잘 들었습니다. 배심원 여러분도 수고 많으셨습니다. 지금 이 법정에는 보이지 않는 배심원이 있습니다. 이 재판을 지켜보는 사람, 이 재판을 책으로 읽는 독자 여러분이 모두 배심원입니다. 원고와 피고, 그리고 관련자들의 진술을 충분히 들었으니 이를 참고하여 각자 판결을 내려 주십시오. 배심원의 의견서가 도착하면 저도 최종 판결을 내리겠습니다.

    땅, 땅, 땅!

역사공화국 세계사법정 재판 번호 05 데바닷타 VS 사리푸트라

주문

원고 데바닷타가 피고 사리푸트라에 대해 제기한 정신적 피해 보상과 명예 회복에 대한 청구를 기각한다.

판결 이유

석가모니는 개인적인 해탈과 인류의 고통을 해결할 방법을 찾기 위해 출가했다. 데바닷타 역시 왕자의 자리를 버리고 출가하여 자신의 해탈을 위해 노력한 점은 인정된다. 하지만 원고의 이 같은 노력이 인류에 도움이 되었다고 보기는 어렵다. 이 점에서 원고는 석가모니와 차이가 있다.

데바닷타와 사리푸트라 두 사람은 모두 스승을 배신한 경험이 있다. 데바닷타는 자신의 명예와 권력을 위해 배신했다고 판단되나, 사리푸트라는 진리를 탐구하고 해탈하기 위해 더 나은 스승을 찾은 것으로 보인다. 따라서 두 사람의 배신은 겉으로는 같더라도 내용상으로는 같다고 말할 수 없다. 이에 석가모니가 자신의 가르침을 제대로 깨친 사리푸트라를 최고의 제자로 인정한 것은 당연하다고 판단된다.

또한 피고 사리푸트라, 혹은 그의 스승인 석가모니가 직접적으로 해를 끼친 것은 아니나 원고 데바닷타의 명예가 훼손되고 정신적인 피해를 입은 것은 일부 인정하는 바이다. 하지만 원고의 정신적인 피해는 석가모니와 같은 시대에 태어난 원고가 석가모니를 능가하고 싶었으나 결국 그 욕망을 달성하지 못하자 열등감에 빠져 비롯된 것으로 판단된다. 데바닷타의 명예 훼손 역시 사리푸트라와 석가모니 때문이라고 할 수 없다. 오히려 후대 사람들이 데바닷타의 부정적인 측면만 읽고 배움으로써 생긴 것으로 판단된다.

이에 본 법정은 피고 사리푸트라는 원고 데바닷타에게 직접적인 해를 입혔다고 볼 수 없다고 판단한다. 또한 데바닷타의 명예가 더 이상 왜곡되지 않도록 역사공화국 사람들에게 그의 전기를 읽어 볼 것을 권하는 바이다.

역사공화국 세계사법정 담당 판사 명판결

"이 맛에 딴죽을 걸고 사는 거죠!"

최종 판결 날짜를 초조하게 기다리던 김딴지 변호사에게 어느 날 전화가 한 통 걸려 왔다. 전화를 걸어 온 사람은 교양이 듬뿍 담긴 목소리로 김딴지 변호사를 만나러 오겠다고 했다. 대체 무슨 일로 나를 찾는 걸까?

"여기가 김딴지 변호사의 사무실이 맞지요?"

사무실 문을 가볍게 두드리며 들어온 남자에게 김딴지 변호사가 웃으며 고개를 끄덕였다.

"반갑습니다. 김 변호사. 나는 어제 전화했던 사람입니다. 어려운 재판을 맡아 고생이 많으셨겠어요."

"별말씀을요. 일단 자리에 좀 앉으시지요."

"고맙소이다. 우선 내 소개를 좀 하지요. 나는 암베드카르라고 하오. 인도에서 불가촉천민으로 태어났지요."

"그러세요? 전혀 그렇게 보이지 않는데요. 아주 교양 있어 보입니다."

"김 변호사도 그런 편견을 가졌군요. 불가촉천민이란 타고난 운명이지 교양과는 관계가 없어요."

"그래도 공부를 안 하면 교양이 없지 않나요? 불가촉천민에게는 교육의 기회를 주지 않는다고 들었는데요."

"대부분의 불가촉천민들이 그렇지요. 나는 그런 점에서 예외라고 할 수 있어요. 미국과 영국의 유명한 대학에서 박사 학위를 받았지요. 공부를 많이 한 덕에 인도가 1947년에 영국으로부터 독립할 때 인도의 헌법을 만드는 제헌 의회 의장을 맡았어요. 그리고 독립한 인도에서 초대 법무부 장관을 지냈지요."

"그 정도면 불가촉천민이라고 말할 필요가 있나요? 그다지 차별 받지 않은 것 같은데요."

"그럴 거라고 생각하나요? 내가 법무부 장관이었을 때 내 비서는 나랑 접촉하면 더러워진다며 결재 받을 서류를 저만치서 던지기도 했소. 사람들은 우리랑 접촉하거나 보기만 해도 불결해진다고 믿었지요."

암베드카르의 말에 김딴지 변호사는 깜짝 놀라 입을 떡 벌린 채 물었다.

"아니, 비서가 서류를…… 장관에게…… 던져요?"

"내가 아무리 높은 지위에 올라도 그것은 지위일 뿐, 불가촉천민이기는 마찬가지였소."

"하, 이해가 안 되는군요."

"그뿐만이 아니오. 우리가 길을 가다가 침을 뱉으면 땅이 오염된다고 해서, 우리는 늘 목에 흙으로 빚은 그릇을 달고 다녀야 했지요."

"예에? 정말요?"

"정말이오. 내가 살던 1950년대까지도 그랬소. 1955년에 불가촉천민법이 제정되어 불가촉천민에 대한 종교적·직업적·사회적 차별을 금지하긴 했지만, 최근에 역사공화국으로 온 인도 사람들에게 들으니 아직도 일부 사람들은 불가촉천민을 차별한다고 하더군요."

"그건 그렇고 오늘 저를 찾아오신 이유는 뭡니까? 불가촉천민을 차별하는 것에 대해 소송이라도 하려는 건가요?"

"그건 아니오. 그저 김딴지 변호사에게 석가모니에 대해 이야기해 주고 싶었소이다."

"무엇을 말입니까?"

"석가모니가 왕자의 자리를 버리지 않았다면, 우리 같은 불가촉천민은 아직도 인도에서 천한 인간, 아니 짐승보다 못한 존재로 살았을 거라는 말을 하고 싶었소."

"그게 무슨 소리죠? 자세히 말씀해 주세요."

"아까 이야기했듯이, 우린 사람도 아니었소. 아무리 깨끗이 씻고, 좋은 옷을 입고, 좋은 학교에 다니고, 좋은 직업을 가져도 사람들은 우리와 몸이 닿거나 멀리서 보기만 해도 더러워진다고 생각했어요. 개나 고양이도 길거리를 제 맘대로 다니는데, 우리는 함부로 거리를 걸을 수도 없었소. 물도 마음대로 못 먹어서 늘 목이 말랐지요."

왜 석가모니는 왕자의 자리를 버렸을까?

"왜 물을 마음대로 못 먹어요?"

"우리가 우물에 가서 물을 길으면 그 물도 더러워진다며 우물을 사용하지 못하게 했어요. 우리는 목마름을 참고 우물 근처에 줄을 서서 자비로운 사람이 지나다가 물을 나눠 주길 기다렸소. 만약 그런 사람이 니티니지 않으면, 우리는 하루 종일 물 한 방울도 마실 수가 없었지요."

"정말 심하군요. 어떻게 그런 일이 벌어질 수 있지요? 이해할 수 없어요."

"하나 더 예를 들어 보지요. 때는 1927년이었소. 인도의 마하드라는 시에 초다르라는 저수지가 있었어요. 시 당국에서는 그 저수지를 우리 불가촉천민이 사용해도 된다고 결정했지요. 그런데 사람들은 우리가 그 저수지를 사용하지 못하게 막았습니다."

"그래서 그 저수지를 어떻게 했나요? 설마 그냥 안 먹고 말았다는 이야기를 하는 건 아니겠지요?"

"나는 불가촉천민들을 이끌고 저수지로 갔소."

"그다음엔 어떻게 했나요?"

"간단하오. 우리가 단체로 저수지로 몰려가 물을 마셨지. 그러면 사람들은 우리가 먹은 물이니 더러워졌다고 아무도 사용하지 않을 테니까."

"하하하! 그렇게 쉬운 방법이 있었군요. 통쾌하네요."

"그래서 우리가 그 저수지를 사용할 수 있게 되었지요. 그런데 사람들은 그게 너무 괘씸했던 거요. 그래서 저수지를 다시 정화해서 사용하겠다며 정화 의례를 치렀소. 말하자면 다시 사용할 수 있는 깨끗한 저수지로 만들겠다는 거였지요."

"정화 의례는 어떻게 하는데요?"

"우선 소에서 나온 것들인 우유, 요구르트, 소똥을 담은 항아리를 저수지에 담그고 주문을 외웠소. 그러면 깨끗해진다고 믿었어요."

"뭐라고요? 사람이 먹어서 더러워졌다면서 소똥으로 깨끗하게 하는 의식을 치렀다고요? 그게 상식적으로 말이 됩니까?"

"인도는 소를 신성하게 생각하오. 결국 그들에겐 우리 불가촉천민이 소똥보다 더 더러운 존재라는 거지요. 그런데 벌써 2500년 전에 석가모니는 그런 차별을 없애야 한다고 강조했소. 그러니 얼마나 놀라운 일입니까?"

석가모니를 높이는 암베드카르의 말에 김딴지 변호사는 어떻게 대답해야 할지 우물쭈물 망설였다.

"흐음…… 그렇다고 할 수도 있겠지만……."

"석가모니는 모든 사람이 평등하다고 했소. 그분이 왕자로 편히 살았더라면 우리 불가촉천민의 처지는 어땠을까요? 아무도 우리에게 '모두 평등한 사람이다'라고 얘기해 주지 않았겠지요. '마음이 깨끗한 것이 우선이지, 몸이 더럽고 계급이 낮은 것은 문제가 안 된다'라고 말해 주는 사람도 없었을 겁니다."

"아…… 그렇군요."

"나는 이번 재판을 처음부터 지켜봤소. 데바닷타는 석가모니가 자신을 미워했다고 우기던데, 석가모니는 우리 같은 천민도 똑같이

왜 석가모니는 왕자의 자리를 버렸을까?

대한 분입니다. 누구를 차별해서 미워하고 따돌릴 분이 아니란 말이오. 심지어 우리 불가촉천민도 착한 마음으로 열심히 수행하면 석가모니처럼 될 수 있다고 했소. 우리에게 대단한 희망을 심어 준 거요. 그러니 김딴지 변호사, 다른 사람이 왕자의 자리를 버린 것과 석가모니가 왕자의 자리를 버린 것은 전혀 차원이 달라요."

"정말 그렇게 차원이 다르다고 확신합니까?"

"석가모니가 깨닫고 나서 그 깨달음을 혼자만 알고 있지 않고 많은 이에게 나눠 주려고 한 것은 모든 사람이 각각 다 존귀한 존재라는 것을 알게 하기 위해서였어요. 만약 그분이 깨달은 것을 혼자만 알고 있으려 했다면 누더기를 입고 밖에서 자고 밥을 얻어먹고 다니지는 않았겠지요. 깨달은 뒤 다시 왕궁에 가서 편히 지낼 수도 있지 않았겠소? 원래 왕자였고 깨달음을 얻은 자라는 명성까지 얻었으니 얼마든지 큰 권세를 누릴 수 있었을 겁니다. 그러나 석가모니는 그러지 않았어요. 그러니 우쭐대며 대장이나 되려고 한 사람이나, 그 말에 이끌려 변호를 자청하고 나선 김딴지 변호사나 모두 불쌍할 뿐이오. 그래서 내가 당신을 찾아온 거요."

김딴지 변호사는 자신을 불쌍하다고 말하는 암베드카르의 말에 자존심이 상해서 잠시 입을 다물고 있었다. 하지만 이내 전보다 더 밝은 목소리로 말했다.

"흠, 저는 우리가 알고 있는 상식이란 것이 때로는 비상식적일 때도 있다고 생각합니다. 그래서 세상에 밝혀진 대로 무조건 믿기보다는 딴죽을 걸어 다시 한 번 생각해 보자는 겁니다. 지금껏 그런 식의 변호를 많이 해 왔는데, 이번에도 역시 딴죽을 잘 걸었다는 생각이 드는군요. 하하."

"무…… 무슨 말이오?"

"딴죽을 건 덕분에 많은 것을 알게 되었잖아요. 평등이 얼마나 소중한지도 알게 되었고, 세상의 성인들은 괜히 그런 대접을 받는 게 아니라는 것도 알게 되었고요. 이 맛에 딴죽을 걸고 사는 거죠! 하핫."

김딴지 변호사가 눈을 반짝이며 신나서 이야기하자, 암베드카르는 할 말을 잃었다. 김딴지 변호사는 아랑곳하지 않고 계속 말했다.

"그리고 이번 재판으로 인해 데바닷타가 어떤 인물인지를 밝혔다는 사실이 중요한 거지요. 사람들은 데바닷타를 석가모니를 죽이려 한 천하에 나쁜 인간이라고만 생각했잖아요. 하지만 그도 출가 전에는 똑똑한 젊은이였고, 출가한 초기에는 공부도 열심히 했다더군요. 그런 그가 왜 석가모니를 죽이려고 했는지, 적어도 그 이유는 알게 되었다고 생각합니다. 석가모니가 불쌍한 이들을 배려하고 용서했듯이 이제 사람들도 데바닷타를 이해하고 용서해야 하지 않을까요?"

"그…… 그렇지요. 죄는 미워해도 사람은 미워하지 말라고 했으니까요."

"따지고 보면 석가모니도 나 같은 딴죽쟁이더군요. 세상의 편견과 불평등에 대해 딴죽을 걸었잖아요. 그리고 암베드카르 당신도 불가촉천민들이 인간다운 삶을 살 수 있도록 세상에 딴죽을 걸었잖아요. 아무리 생각해도 딴죽은 세상을 바꾸는 막강한 힘을 지녔어요. 에, 그래서…… 결론은 뭐냐면, 저는 앞으로도 계속…… 딴죽을 걸겠다…… 이 말입니다! 하하."

석가모니의 탄생지, 룸비니

고대에는 인도에 속한 곳이었으나, 지금은 네팔 남부 테라이 지방에 있는 룸비니는 역사적으로 아주 중요한 곳입니다. 바로 불교의 창시자인 석가모니 즉 고타마 싯다르타가 태어난 곳이기 때문이지요. 그래서 석가모니가 깨달음을 얻은 '보드가야', 첫 가르침을 펼친 '사르나트', 죽음을 맞이한 '쿠시나가라'와 함께 불교의 4대 성지 중 하나로 손꼽힙니다. 오랫동안 폐허로 방치되었으나 지금은 유네스코에 의해 세계 문화 유산으로 등록되어 관리되고 있지요.

전해 오는 이야기에 따르면 석가모니의 어머니이자 왕비였던 마야 부인이 아기를 낳기 위해 친정으로 가던 중 이곳 룸비니에서 석가모니를 낳았다고 합니다. 그래서 석가모니를 존경한 후대 왕들이 이곳을 성스럽게 생각했으며, 현재까지 많은 불교 순례자들이 찾는 곳이기도 하지요. 인도 마우리아 왕조의 아쇼카 왕은 이곳에 네 개의 불탑과 석주를 세워 석가모니의 뜻을 기리기도 했습니다.

불교의 4대 성지 중 하나답게 부처님의 말씀이 곳곳에 쓰여 있고, 중국·일본·우리나라 등 여러 나라의 절이 모여 있습니다. 또한 석가모니의 어머니인 마야 부인을 모시는 사당인 '마야데비 사원'도 있습니다. 사원 안에는 연화대 위에서 감잎나무 가지를 손으로 잡고 갓 태어난 석가모니를 받치고 있는 모습의 마야 부인상이 있습니다.

2500년 이상 인류에게 많은 영향을 준 세계적인 종교를 창시한 석가모니, 고타마 싯타르타. 그의 탄생지에 가면 성스러웠던 석가모니의 삶과 생각의 한 자락을 들여다볼 수 있습니다.

룸비니 유적

룸비니에 있는 중국의 절

『역사공화국 세계사법정 05 왜 석가모니는 왕자의 자리를 버렸을
까?』와 관련한 논술 문제를 풀어 봅시다.

※ 제시문을 읽고 물음에 답하시오.

1. (가)~(다)는 불교를 창시한 석가모니의 가르침입니다. (가)~(다)를
   읽고 불교가 신분이 낮은 사람들에게 환영을 받았던 이유가 무엇일지
   그 이유와 함께 쓰세요.

(가) 천상천하 유아독존(天上天下 唯我獨尊)
   ― 하늘 위와 하늘 아래 나 홀로 존귀하다.

(나) 내가 곧 부처다. 귀를 열고 마음의 눈을 떠 마음을 밝혀라. 누구
   든지 깨달으면 부처가 될 수 있다.

(다) 이 세상 모든 것이 헛된 것이니 구태여 가지려 허덕이지 말며
   잃었다 번민하지 말라.

----

2. 다음의 (가)와 (나)는 각각 힌두교와 불교에 대한 설명입니다. 고대 인도에서 중요한 종교였던 (가)와 (나)를 비교하여 표에 알맞게 채워 넣으세요.

(가) 힌두교는 인도에서 고대부터 전해 내려오는 바라문교가 복잡한 민간신앙을 받아들여 발전한 종교로 인도교라고도 부릅니다. 힌두교에는 아주 많은 신이 있는데, 그 수가 가장 많을 때는 약 4억 명을 헤아리기도 했습니다. 대표적인 신으로 브라흐마, 시바, 비슈누 등이 있습니다. 힌두교는 소에 신들이 살고 있다고

생각했기 때문에 지금도 힌두교를 믿는 인도 사람들은 소고기를 먹지 않습니다. 힌두교는 신분 제도인 카스트 제도와 밀접한 연관이 있으며 다른 종교에 대해 크게 배타적이지는 않습니다.

(나) 불교는 석가모니가 창시한 종교입니다. 불교라는 말에서 '불'은 '각성한 사람' 즉 '깨친 사람'을 뜻하지요. 불교는 신을 모시는 종교는 아니지만 누구나 깨달음을 얻으면 부처가 될 수 있다고 믿었습니다. 그래서 불교를 평등과 자비의 종교라고도 하지요. 그런 만큼 다른 종교에도 관대합니다. 세계 3대 종교로 불리는 불교는 중국, 한국, 일본과 같은 동아시아에 많은 신자가 있습니다. 정작 불교의 탄생지인 인도에서는 힘이 약한 편이지요.

	힌두교	불교
공통점		
차이점		

왜 석가모니는 왕자의 자리를 버렸을까?

해답 1 (가)의 '천상천하 유아독존'은 '이기적이고 자신밖에 모르는 사람'이라는 뜻이 아니라 '우주에 나보다 높은 존재는 없다'는 것을 뜻합니다. 즉, 모두가 귀한 존재라는 뜻이지요. 또한 (나)에서는 '누구든지 깨달으면 부처'가 될 수 있다고 말하고 있습니다. 당시 인도의 지독한 신분 제도인 카스트 제도에 묶여 있던 사람들은 이 말에 큰 충격을 받았을 것입니다. 낮은 계층에 있는 사람도 부처가 될 수 있다는 말이기 때문이지요. 그리고 (다)에서는 '이 세상 모든 것이 헛된 것'이라고 규정하고 있습니다. 많이 가지고, 신분이 높은 것이 중요한 것이 아니라는 말이지요. 이렇게 모든 사람을 평등하게 보았기 때문에 불교는 당시 많은 사람들, 특히 신분이 낮은 사람들에게 크게 환영을 받게 되었습니다.

해답 2

	힌두교	불교
공통점	발생한 나라가 인도로 같습니다, 다른 종교에 관대하여 배타적이지 않습니다 등.	
차이점	신의 존재가 많습니다, 가장 많을 때는 약 4억 명이 되기도 합니다, 사람은 평등하지 않다고 생각합니다, 인도에서 주로 믿습니다 등.	신의 존재가 없습니다, 깨달음을 얻으면 누구나 부처가 될 수 있습니다, 사람은 모두 평등하다고 생각합니다, 중국·한국·일본에서 주로 믿습니다 등.

* 해답은 예시로 제시된 내용입니다.

역사공화국 세계사법정 05

왜 석가모니는 왕자의 자리를 버렸을까?

ⓒ 박금표 박선영, 2010

초   판 1쇄 인쇄 2010년 8월 12일
개정판 1쇄 발행 2013년 10월 25일
        5쇄 발행 2021년 7월 23일

지은이   박금표 박선영
그린이   박종호
펴낸이   정은영

펴낸곳   (주)자음과모음
출판등록   2001년 11월 28일 제2001-000259호
주소   04047 서울시 마포구 양화로6길 49
전화   편집부 (02) 324-2347 경영지원부 (02) 325-6047
팩스   편집부 (02) 324-2348 경영지원부 (02) 2648-1311
이메일   jamoteen@jamobook.com

ISBN 978-89-544-2405-9 (44900)

철학자가 들려주는 철학 이야기 <small>(전 100권)</small>

아이들의 눈높이에 맞춘 철학 동화!
책 읽는 재미와 철학 공부를 자연스럽게 연결한 놀라운 구성!

대부분의 독자들이 어렵게 느끼는 철학을 동화 형식을 이용해 읽기 쉽게 접근한 책이다. 우리의 삶과 세상, 인간관계에 대해 어려서부터 진지하게 느끼고 고민할 수 있도록, 해당 철학 사조와 철학자들의 사상을 최대한 풀어 썼다.

이 시리즈의 가장 큰 장점은 내용과 형식의 조화로, 아이들이 흔히 겪을 수 있는 일상사를 철학 이론으로 해석하고 재미있는 이야기로 담은 것이다. 또한 아이들의 눈높이에 맞는 쉽고 명쾌한 해설인 '철학 돋보기'를 덧붙였으며, 각 권마다 줄거리나 철학자의 사상을 상징적으로 표현한 삽화로 읽는 재미를 더한다. 철학 동화를 이끌어가는 주인공을 형상화하고 내용의 포인트를 상징적으로 표현한 삽화는 아이들의 눈을 즐겁게 만들어준다. 무엇보다 이 시리즈는 철학이 우리 생활 한가운데 들어와 있고, 일상이 곧 철학이라는 사실을 잘 보여준다. 무엇보다 자기 자신을 극복한다는 것, 인간을 사랑한다는 것, 진정한 인간이 된다는 것, 현실과 자기 자신을 긍정한다는 것 등의 의미를 아이들의 시선에서 풀어내고 있다.

과학공화국 법정시리즈 (전 50권)

생활 속에서 배우는 기상천외한 수학·과학 교과서!
수학과 과학을 법정에 세워 '원리'를 밝혀낸다!

이 책은 과학공화국에서 일어나는 사건들과 사건을 다루는 법정 공판을 통해 청소년들에게 과학의 재미에 흠뻑 빠져들게 할 수 있는 기회를 제공한다. 우리 생활 속에서 일어날 만한 우스꽝스럽고도 호기심을 자극하는 사건들을 통하여 청소년들이 자연스럽게 과학의 원리를 깨달으면서 동시에 학습에 대한 흥미를 가질 수 있도록 구성하였다.